KB023948

밥상의 전환

기후변화와 농업, 협동조합의 미래

밥상의 전환

초판 1쇄 발행 2013년 7월 1일

지은이 에너지기후정책연구소 · 모심과살림연구소

펴낸이 오은지 **책임편집** 변홍철
펴낸곳 도서출판 한티재 **등록** 2010년 4월 12일 제2010-000010호
주소 706-821 대구시 수성구 달구벌대로 492길 15 **전화** 053-743-8368 **팩스** 053-743-8367
전자우편 hantijaebook@daum.net **블로그** http://hantijaebook.tistory.com

ⓒ 에너지기후정책연구소 · 모심과살림연구소 2013
ISBN 978-89-97090-17-4 03300
책값은 뒤표지에 있습니다.

이 도서의 국립중앙도서관 출판시도서목록(CIP)은 서지정보유통지원시스템 홈페이지(http://seoji.nl.go.kr)와
국가자료공동목록시스템(http://www.nl.go.kr/kolisnet)에서 이용하실 수 있습니다.
(CIP제어번호: CIP2013005729)

밥상의 전환

기후변화와 농업, 협동조합의 미래

에너지기후정책연구소 · 모심과살림연구소 지음

한티재

기후변화와 생명위기 시대,
농업과 협동의 근본을 살피자

해를 더할수록 기후변화에 따른 문제가 더욱 심각해지고 있다. 자연 생태계의 생명 순환의 원리에 따라 농사를 지어온 농민들이 겪는 고충은 이루 말로 다 할 수 없는 지경이다. 하지만 지금과 같은 생산과 소비생활 양식을 고집하는 한 총체적인 생명위기를 초래하는 기후변화 문제를 피하기는 어려울 것이다. 그런데도 눈앞의 이익에 눈이 멀어서 이런 '예견된 재난' 상황에 눈을 감고 외면해버리는 현실이 안타깝다.

지금의 기후변화 문제는 협동에 기반한 농업 생산방식을 버리고 경쟁적으로 이윤을 좇아온 현대 산업문명이 만들어낸 위기의 징표다. 따라서 기후변화 문제의 근본적인 해결을 위해서는 농업과 협동의 본래 가치를 알고 제자리를 찾도록 하는 일이 매우 중요하다.

사실 기후변화나 농업, 먹을거리, 협동조합 등은 사회적으로도 많이 주목받고 있는 주제들이고, 이들 각각에 대한 소개 자료도 많이 나와 있다. 하지만 이들 각각이 서로 어떻게 관계를 맺으면서 영향을 주고받는지를 종합적으로 다루고 있는 자료는 흔치 않다. 그래서 이 책에서 기후변화가 농업과 먹을거리에 구체적으로 어떤 영향을 주고 있고, 유기농업이 가지고 있는 대안적인 의미와 역할은 무엇이며, 문제 해결에 있어 협동조합은 어떤 역할을 할 수 있는지에 대해 국내외 사례를 들어서 체계적으로 소개하고 있는 점은 주목할 만하다.

많은 전문가들은 기후변화로 인해 인류의 미래를 위협하는 대표적인 문제로 '식량위기' 사태를 지목하고 있다. 이 책에서 "농업의 미래가 없는 문명의 미래는 불가능하다"고 주장하는 근거도 여기에 있다. 이제 남은 문제는 지금 시대에 어떻게 농업을 살리고 협동으로 생명공생의 지속가능한 사회를 열어갈 수 있느냐 하는 점이다. 그만큼 지구를 구하는 일에 유기농업과 협동조합이 함께 만나야 한다는 점을 강조하는 이 책의 문제의식은 중요하다.

이 책의 또 다른 의미는 협동조합에 대한 생각의 폭을 넓혀주고 있다는 점이다. 최근 들어 우리 사회에서도 협동조합에 대한 관심과 기대가 크게 높아졌는데, 아직까지는 '일자리 창출'과 '복지'의 차원을 크게 넘어서지 못하고 있다. 따라서 세계의 많은 협동조합들이 기후변화 시대를 맞아 펼치는 다양한 활동들에 대한 소개는 의미하는 바가 크다.

　한살림은 국내 대표 생협단체로서 그동안 '가까운 먹을거리 운동' 등을 통해 기후변화 대응 활동을 펼쳐왔고, 최근에는 협동조합 방식으로 대안에너지를 생산하기 위한 준비를 하고 있다. 기후변화 시대에 협동조합의 역할을 적극 모색하고 확장해나갈 필요성은 앞으로 더욱 커질 것이다. 기후변화가 만들어내는 생명위기의 시대에 농업과 협동의 근본 자리를 분명히 짚어보는 계기가 되었으면 한다.

이상국 (한살림연합 상임대표)

기후변화와 먹을거리, 협동조합을
하나로 만드는 시선

영어로 농업을 뜻하는 'agriculture'는 '대지'를 뜻하는 연결형 어미 'agri'와 '문화'를 뜻하는 'culture'가 합쳐져 만들어진 합성어입니다. 땅의 문화라는 뜻이지요. 그렇다면 우리는 광업이나 수산업 등을 뜻하는 말에는 산업을 의미하는 'industry'가 붙었는데, 왜 굳이 농업에만 '문화'를 뜻하는 말이 붙었을까를 생각해봐야 합니다. 우리나라에서 '농자천하지대본'農者天下之大本이란 말을 썼던 것과 아마 같은 이유겠지요. 그렇습니다. 농업은 우리 삶의 근본이었고, 땅에서 나오는 문화 그 자체로 여겨졌던 것입니다.

그런데 지금 그 문화 자체가 흔들리고 있습니다. 기후변화로 인해 농업은 그 근본이 송두리째 위협받고 있습니다. 관행농으로 인한 지력의 교란, 유전자조작 식품, 신자유주의 무역 등 농업이 위기를 맞은 게 하루 이틀 일은 아니었지만, 이번 위기는 항구적이고 포괄적이어서 어느 때보다 심각한 상황입니다. 국제쌀연구소 연구에 따르면 야간 온도가 1℃ 정도 올라가면 평균 쌀 생산량은 10퍼센트가 저하된다고 합니다. 금세기 후반에는 최대 6.4℃가 올라갈 것으로 보고 있으니 산술적으로만 따지면 쌀 생산량이 60퍼센트 줄어들지도 모른다는 이야기입니다. 지구가 전반적으로 따뜻해지면 보리, 밀, 귀리, 옥수수, 조 등 한지寒地 작물 역시 크게 줄어들 것으로 예측되고 있습니다. 지구는 물론이고 인류에게도 재앙이 될 것입니다. 과학자들의 상당수는 인류가 최대의 식량위기에 봉착할 것이라고 보고 있습니다.

인간이 바보는 아니니까 그런 상황이 오게 되면 분명 돌파구를 찾으려고 할 것입니다. 하지만 그 방법이 과연 합리적이기만 할까요? 아마 변화된 기후에 적응할 수 있는 품종을 만든다고 하면서 유전자조작 식물 연구와 생산에 박차를 가하는 일이 가장 눈에 띄는 대응책으로 제시될 겁니다. 하지만 유전자조작 작물은 식품안전성이 검증되지 않았습니다. 지구가 지속가능하게 수용할 수 있는 존재인지도 알 수 없습니다. 혹자는 체계적으로 잘 관리된 농업시설을 늘려 그 안에서 재배하면 된다고 생각할지도 모르겠습니다. 하지만 그렇게 큰 시설은 만들기도 어렵고, 그 시설을 유지하기 위해서 우리는 더욱 많은 온실가스를 배출하게 될 겁니다.

문제는 복잡하지만 해답은 명확합니다. 그런 수준으로 가지 않게 하기 위해 미리 예방을 하는 것입니다. 지구온난화 속도를 최대한 늦추고 그 속도에 맞춰 자연을 거스르지 않는 선에서 적응을 할 수 있는 품종을 찾아내는 게 중요합니다. 그런 점에서 우리는 유기농과 소농에 관심을 가질 필요가 있습니다. 유기농은 기존 관행농과 비교했을 때 화학비료의 양이 적고 생산·유통 방식에도 차이가 있기 때문에 온실가스 배출량이 훨씬 적습니다. 또 유기농이 적합한 형태는 대형 농장이 아니라 소농입니다. 비아캄페시나 등 국제 농민단체들이 유기농과 소농이 희망이라는 주장을 내놓는 이유가 바로 여기에 있습니다.

요 근래에는 협동조합 방식이 주목을 받고 있습니다. 생협 형태뿐만 아니라 다양한 협동조합들이 등장하고 있습니다. 협동조합이 파괴된 공동체 문화를 되살리는 기제機制가 될 수 있고, 또 기본적으로 "작은 것이 아름답다"는 생각을 공유하고 있기 때문에 현 사회의 문제점을 해소하는 데에 도움을 줄 수 있다는 시각 때문입니다. 이런 관점은 농업 분야의 기후변화 대응에 있어서도 유효합니다. 농업은 생산부터 유통, 판매까지 한 몸처럼 이루어져야 하는 분야입니다. 즉 시스템을 전반적으로 재구성할 필요가 있다는 의미겠지요. 그런 면에서 본다면 협동조합은 지나치게 경제적 요인에 치우쳐 왜곡된 농업시스템을 극복하는 시발점이 될 수 있습니다.

에너지기후정책연구소와 모심과살림연구소가 펴낸 이 책은 앞서 언급한 문제를 종합적으로 바라보고 있다는 점에서 의미가 있다고 생각합니다. 한 분야, 한 분야의 중요성과 의미를 파악하는 것은 쉽지만 하나로 합쳐 통합적인 시선으로 바라보는 건 쉽지 않은 일입니다. 그런 점에서 『밥상의 전환』은 반갑기만 합니다. 거기에다가 에너지를 '소비'하는 협동조합이 아니라 '생산'하는 협동조합으로 가자는 새로운 제안까지 내놓고 있어 의미심장합니다.

먹을거리는 왜곡되고, 기후변화가 그 나머지마저 송두리째 위협하는 우리 시대. 이 책이 더욱 널리 읽혀 기후변화와 농업, 협동조합에 관한 사회적 논의가 더욱 풍부해졌으면 하는 바람입니다.

조승수 (에너지기후정책연구소 이사장, 전 국회의원)

기후변화와 농업, 협동조합의
삼중 나선

어릴 적 아버지께 가장 많이 듣던 말이 "밥알을 남기는 건 농부 아저씨들에게 죄를 짓는 것이니 밥그릇을 싹싹 비워라" 하는 것이었다. 그래서 밥상에 차려진 음식을 다 먹지 못하는 한이 있어도 밥을 남기는 경우가 없다.

지금은 돌아가신 아버지의 말씀을 여덟 살, 다섯 살 난 우리 아이들에게 한다. 그런데 맘이 참 애꿎다. 풍족하지 못한 살림에 먹을 것이 많지 않았던 우리에게 아버지는 응당 그렇게 말씀하셔야 했겠지만, 난 왜 먹을 것이 차고 넘치는 지금도 아이들에게 그런 말을 반복하는 것일까? 과연 정말로 농부와 땅에 대해 감사하는 마음을 가져야 한다는 생각만일까? 어쩌면 나는 무엇인가를 두려워하고 있을지도 모르겠다.

가끔 "우리의 먹을거리는 지속가능할까?"라는 질문을 던져보곤 한다. 마트에 가면 사시사철 다양한 식품이 있고, 매년 풍작을 알리는 뉴스와 기사를 보면 분명 내 우려에는 지나친 감이 없지 않다. 하지만 여차저차 기후변화를 공부한 지 10년이 지나고 보니 내 질문이 힘을 얻는 기이한 상황이 연출된다. 각종 보고서에서 농업의 몰락을 예고하고 있고, 요새도 심심찮게 농업 대란 소식이 들려오곤 한다. 밀가루 가격이 1년에 10퍼센트 가까이 상승하는가 하면, 잘 진열된 마트의 식품도 가격이 너무 올라 내 것이 아닌 듯 느껴질 때가 있다.

나만의 생각은 아니었나 보다. 기후변화를 보아왔던 모두가 농업에 대해 말을 보탠다. 물론 의견이 다양하다. 기후변화로 인한 농경지 감소를 가장 우려하는 사람이 있는가 하면, 토지의 수명을 단축시키는 농산기업 중심의 관행농이 문제라는 목소리도 나온다. 농산기업 중심의 관행농이 기후변화의 가장 큰 피해자가 될 테지만, 지금은 중요한 가해자 중의 하나라는 진단도 쏟아졌다. 기후변화로 인한 농업의 위축이 지나친 비료와 농약 사용을 불러왔다는 말도 덧붙여졌다. 소농이 죽고 기업농이 득세하면서 환경 변화에 대한 대응력이 약해졌기 때문이라는 분석도 빠지지 않는다.

너무 많은 문제점들이 나열되고 나서야 우리는 문제를 풀기 위해서는 얽히고설킨 실타래를 푸는 것이 우선이라는 결론에 도달했다. 그래서 에너지기후정책연구소와 모심과살림연구소 연구원들을 중심으로 기후변화와 농업에 관한 세미나를 시작했다. 일 년여에 걸친 세미나 기간 동안 우리는 상당히 많은 보고서와 논문들을 검토했다. 그 중에는 우리들의 문제의식에 꽤 근접한 것들도 있었다. 하지만 결국 너무 지엽적이거나 편향적이어서 우리가 나눴던 문제들을 풀어내기에는 부족했다.

우리는 과연 어떤 점들을 보고 있었던 것일까? 여기 우리가 농업을 이해하는 세 가지 키워드가 있다.

붕괴

근래 가장 많이 듣는 말일 터. 우리는 그만큼 잃어버릴 것이 많은 시대에 살고 있다. 얻은 게 뭔지도 모르는 판에 잃는 것이 많다면 분명 억울해 하는 사람들도 있겠지만, 그래도 어쩔 수 없다. 환경이 변화하면 세상은 우리에게 무언가를 계속 내놓으라고 요구하기 때문이다.

기후변화로 인한 가장 큰 피해가 예상되는 분야는 '농업'이다. 농경지가 축소되고, 이상기후로 인해 작물 생산이 불가능한 환경이 조성될 가능성이 높아질 것으로 예상된다. 먹을거리 가격은 기하급수적으로 치솟고 있고, 녹색혁명이라는 말이 무색하게 기근이 이어지고 있다. 어느 보고서를 보더라도 식량 생산량이나 가격이 안정을 찾을 것이라는 말은 찾아볼 수 없다. 우리의 밥상이 무너지고 있다.

현생 인류가 등장한 수십만 년 전부터 우리들을 굳건히 이끌어온 건 농업이었다. 우리는 땅에서 필요한 것을 얻고 땅으로 돌려보냈다. 풍족하지 않았던 시기도 있었지만, 인류는 건강하게 자연이 주는 것에 감사하고 농업을 중심으로 번성해왔다. 하지만 이제 자연은 인간에게 땅을 빼앗기고 표류할 위기에 처해 있다. 이제 대지는 앞으로 농업을 위해 존재하지 않을지도 모른다. '붕괴'됐다.

대체

대체란 단어가 가장 흔하게 쓰이는 분야가 농업 분야이다. 지금은 대부분의 사람들이 식량을 스스로 생산하려 하지 않는다. 식량은 이미 사 먹는 것이지 경작하는 것이 아니다. 자유무역협정FTA으로 수입농산물이 들어오는 건 농업의 위기와는 상관없이 먹을거리를 더 싸게 구입할 수 있는 기회일 뿐이다. 이로 인해 농업 인프라가 무너지고 식량자급률이 떨어져도 큰 이슈가 되지 않는다. 우리가 농사를 짓지 않으면 다른 사람이 지은 것으로 대체하면 되기 때문이다. 국내산 배추가 없으면 중국산 배추를 들여오면 되는 거고, 중국산 배추마저 없으면 양배추로 김치를 담그면 된다. 먹을거리는 얼마든지 있다.

또 쌀이 팔리지 않으면 때깔 좋은 품종으로 대체하면 된다. 품종을 바꿔도 힘들다면 특용작물로 대체하면 된다. 특용작물이 안

된다면 다른 특용작물로 대체하면 된다. 더 나아가 우리에겐 프랑켄푸드Franken-food(유전자조작 식품, 영국의 공상괴기소설에 나오는 프랑켄슈타인을 빗대어 만든 합성어)까지 있다.

이처럼 '대체'의 힘을 믿는 사람들에게 기후변화나 식량난은 위기를 조장해야 이익을 얻을 수 있는 사람들의 허언일 뿐이다. 하지만 그러한 잘못된 신념이 '20퍼센트 남짓한 식량자급률'이라는 결과를 낳았고 국제곡물가에 취약한 우리 경제를 만들었다. 배추 한 포기의 값이 15,000원까지 치솟았던 2009년은 농업이 다른 무엇으로도 대체 불가능하다는 것을 보여줬다. 더 나아가 기후변화로 인해 심각한 변화를 체감하고 있는 제3세계 사람들에게 '대체'라는 말은 "빵이 없으면 케이크를 먹으라"는 세상 물정 모르는 철부지의 소리와 마찬가지다. '대체'되고 있는 건 먹을거리가 아니라 미래다.

독점

20세기 중반부터 소위 '녹색혁명'이라고 말하는 급속한 식량 증산이 있었다. 식량 증산이 가능했던 원인으로 흔히 농산기업 중심의 관행농과 기업농이 꼽힌다. 농업기술이 낮았던 시절, 신품종의 보급이나 이에 따른 기업농의 등장이 식량난을 해결하는 데 일조했던 건 사실이다. 눈이 부실 정도로 급격히 늘어난 식량 생산량에 모두가 열광했다. 생산량이 늘어난다는 말에 너도나도 수천 년간 사용했던 종자와 생산법을 버리고 서둘러 변화에 편승했다. 하지만 이는 한순간의 마약이었다.

신품종의 보급에는 대규모 수리 시설이 필요했고, 화학비료와 농약이 대량 소비되어야만 했다. 땅은 급속히 메말라갔고, 이를 위해 추가적인 설비를 갖추었다. 설비를 갖출 수 없는 사람들은 값싸게 먹을거리를 구입하는 것을 선택했다. 몇몇 돈을 가진 사람들이 먹을거리의 전권을 쥐게 됐다. 그들은 더욱 많은 이익을 남기기 위해 덩치를 키우고 땅을 재촉했다. 그 결과 우리는 건강한 먹을거리와 변화에 대처할 수 있는 능력, 두 가지 모두를 잃었다.

제3세계 농민들을 중심으로 다시 '작은 농업'을 부르짖고 있다. 독점권력이 된 농업은 변화에 더욱 취약하고, 오히려 그 변화를 촉발시키는 악순환의 구조를 고착화시키고 있기 때문이다. 그렇다면 그들이 말하는 대로 '소농'과 '협동조합'은 농업을 구원할 수 있을 것인가?

우리의 고민은 이 세 가지 키워드를 어떻게 묶을 수 있을 것이냐 하는 것에서 시작되었다. 오늘날 농업은 가해자이면서 피해자이고, 새로운 해결자 역할도 할 수 있다. 또 그러기 위해서는 기후변화와 농업, 이를 운영하는 형태로서의 협동조합을 어떻게 연결할 것이냐에 관한 질문이 필요하다. 복잡하다.

이 책은 이렇게 복잡한 나선을 어떻게 묶어낼 것이냐에 관한 고민의 흔적이다. 에너지기후정책연구소 조보영 연구원이 작성한 1장에서는 책의 가장 중요한 키워드 중 하나인 기후변화를 다룬다. 기후변화가 우리의 삶에 어떤 영향을 미치고 있고 또 앞으로 어떤 영향을 미칠 것인지, 그리고 어떤 방향을 직시해야 할지를 제시한다. 이진우 부소장은 2장을 통해 기후변화와 농업의 관계에 대해 고찰하고 있다. 특히 농업의 가해자·피해자·해결자 성격을 동시에 다루며, 이정필 연구원은 농산물연료의 무분별한 확대 등 잘못된 기후변화대응 방식이 어떤 파국적 결과를 발생시킬 수 있는지에 대해 다룬다. 3장은 기후변화와 협동조합 문제를 정면에서 다룬다. 한재각 부소장은 농업의 위기를 해결하기 위한 방식으로서 협동조합이 어떤 노력들을 하고 있는지, 그 시사점은 무엇인지에 관해 세세히 보여준다. 이는 기존의 농업·기후변화에 관련한 책들이 보여주지 못한 시스템의 변화를 제안하고 있다는 점에서 차별화가 될 것이다. 이정필 연구원은 에너지 자립을 통한 농업의 변화 방법을 제시한다. 꼼꼼히 쌓인 국내 사례는 독자들에게도 좋은 대체 경험이 되리라 생각한다. 모심과살림연구소 정규호 정책실장은 국내 생협들이 기후변화·에너지 대응을 위해 어떤 노력을 하고 있고, 어떻게 개선되어야 하는지를 심도 있게 분석했다. 우리나라 생협의 상징이기도 한 한살림의 노력을 한눈에 볼 수 있다. 이진우 부소장과 한재각 부소장이 공동 기술한 4장은 앞서 나왔던 내용들을 요약 정리하기 위한 것이다. 생산자와 소비자들이 기후변화로 인한 농업의 붕괴를 막기 위해 어떻게 행동해야 할지를 구체적으로 제언한다.

물론 우리는 이 책이 많이 읽혀지고, 많은 사람들의 토론거리가 되길 기대한다. 하지만 그것이 곧 해결책이라고 호언장담하고 싶진 않다. "이것이 해답이다"라고 잘라 말하기에는 기후변화와 농업, 그리고 협동조합은 너무나 큰 화두이기 때문이다. 끊임없는 고민의 단초를 제공하고, 농업의 미래를 새롭게 볼 수 있는 계기만 생겨도 우리의 작업은 성공이라고 생각한다. 우리의 고민 역시 그 누군가에게서 받은 것이고, 부끄럽지만 우리가 발걸음을 내딛을 수 있도록 한 원동력이 됐다. 그런 생각을 이끌어주신 한살림과 이근행, 정규호, 박승옥, 변홍철, 오현아 자문위원께 감사하다는 인사를 드린다. 또한 연구와 출판을 지원해주신 교보생명교육문화재단과 흔쾌히 출판을 허락해주신 도서출판 한티재의 오은지 대표께도 감사의 마음을 전한다. 그분들이 아니었다면 우리가 이렇게 고민을 나눌 수 있는 기회조차 없었을 것이다. 우리의 목소리가 조금이라도 힘을 얻을 수 있다면 그건 온전히 그분들의 몫이다.

그리고 이 책을 읽고 있는 독자들에게도 감사의 말을 전하고 싶다. 우리가 짐을 나누는 걸 용납해주신 까닭이다.

이진우 (에너지기후정책연구소 부소장)

차례

추천하는 글

기후변화와 생명위기 시대, 농업과 협동의 근본을 살피자 이상국 **5**

기후변화와 먹을거리, 협동조합을 하나로 만드는 시선 조승수 **8**

여는 글

기후변화와 농업, 협동조합의 삼중 나선 이진우 **12**

1장 기후변화와 에너지

세상을 바꾸는 기후변화 **25**

　　ⓥ '기후변화에 관한 유엔 기본협약'과 기후변화 당사국 총회

기후변화에 대응하는 자세 **45**

에너지 전환 ─ 가지 못한 길 **50**

2장 기후변화와 농업 · 먹을거리

기후변화가 만들어낸 식량위기, 그 처절한 현실 **63**

기후변화와 농업 사이의 복잡한 관계 **69**

　　ⓥ 식량위기에 따른 민중 소요 사례

더 이상 일굴 수 없는 땅들 80

석유의 이간질 85

　⊻ 푸드마일리지와 식량자급률

그래도 농업이 미래다 89

착한 바이오연료, 나쁜 바이오연료 95

　⊻ 전통적인 바이오매스 사용이 높다고 해서 불행하기만 할까?
　⊻ 또 하나의 잘못된 해결책 — 유전자조작 등 기술적 해결 방식

3장 기후변화와 협동조합, 에너지 자립

협동조합, 기후변화와 에너지 문제에 나서다 111

행동하라! 기후위협에 대응하는 유럽의 협동조합 121

　⊻ 유로코압이란?
　⊻ 협동조합의 에너지절약 성적표 — 『지속가능성 보고서』
　⊻ '독성 연료', 타르샌드와 셰일가스란?

가까운 먹을거리, 유기농업이 기후를 보호한다 135
— 한국 생활협동조합의 사례

　⊻ 유리병 재사용을 통한 온실가스 배출 감축

새로운 도전, 협동조합으로 에너지를 생산한다 **153**

— 에너지협동조합의 사례

    ☑ 발전차액지원제도란?

    ☑ 주택협동조합의 에너지효율화 노력

    ☑ 태양광발전기에 투자한 생협 조합원들

    ☑ 서울시민햇빛발전협동조합, 박승옥 대표에게 묻고 듣는다

농촌 공동체와 에너지 자립 **174**

    ☑ 또 하나의 모델, 전환마을

    ☑ 패시브하우스와 농촌형 임대주택 모델

4장 기후보호 행동

농업 전환이 기후를 바꾼다 **195**

가치 소비, 착한 소비 **202**

    ☑ 유기농업이 중요한 10가지 이유

기후를 보호하기 위한 협동조합의 역할 **214**

    ☑ 2010년 FAO 아태 지역 회의를 앞두고 국내 농업단체와 민간단체들이
       발표한 성명서

    ☑ 도시 소비자들이 지구를 살리는 30가지 방법

1장

기후변화와 에너지

세상을 바꾸는
기후변화

비행기가 이륙한다. 흔들리는 비행기와 함께 승객들 사이에 약간의 긴장감이 감돈다. 그리고 이내 "우와~" 하는 감탄사가 흘러나온다. 비행기 창밖으로 보이는 야경은 저절로 감탄사가 나오게 하는 매력을 가지고 있다. 십 년 전쯤 처음 비행기를 탔던 내 모습은 지금 감탄을 연발하던 승객들과 똑같았을 것이다. 하지만 기후변화의 심각성과 에너지 위기를 이야기하는 직업을 가지게 된 후부터 비행기를 탈 때마다 알 수 없는 죄책감이 느껴지고 비행기 창밖으로 보이는 불빛들 또한 아름다움보단 안타까움과 걱정으로 다가오기 시작했다. 저기에 얼마나 많은 에너지가 쓰이고 있는 걸까? 이 에너지들은 어디서 어떻게 만들어지고 있는 걸까? 사람들은 그걸 알까? 이런 질문들이 스쳐 지나간다. 이것은 비행기를 탈 때만 느끼는 것이 아니다. 늦은 밤 집으로 돌아오는 버스 안에서나 화려한 간판 사이를 걸으면서도 이런 질문들을 하게 된다.

언제부터였을까? 텔레비전에 녹아버린 빙하가 나오고 그 속에 힘겹게 살아남은 북극곰이 사람들의 감성을 자극하기 시작했다. 지구온난화와 기후변화라는 말이 흔해졌고, 관련된 책과 다큐멘터리가 쏟아져 나오기 시작했다. 아주 짧은 시간에 우리는 기후변화라는 단어에 익숙해지고 기후변화의 시대를 자연스럽게 받아들이고 있는 듯하다. 쓰나미나 대지진, 이례적으로 강력해진 태풍과 홍수, 극단적 가뭄 등으로 많은 사람들이 힘겨워하고, 다치고, 심지어 죽기도 했다. 하지만 이 모든 것은 기후변화라는 마법의 단어로 설명됐다. "왜 그런 일이 벌어진 거지?"라는 질문에 "기후변화 때문이래요"라고 하면 모두 "아~!" 하고 끝나버린다. 그러면서 조금씩 기후변화는 우리 인간의 영역과는 조금 먼 절대적 신의 영역쯤으로 여겨지고 있다. 천재지변은 인간의 힘으로 막을 수 없는 일이지만, 기후변화는 천재지변이나 하늘이 내리는 벌이 아니다. 기후변화는 분명 인간의 활동으로 인간이 만들어낸 재앙이다. 그러니 이를 되돌리는 것도 우리의 몫이다.

이제 우리는 여기서 질문을 던져봐야 한다. 왜 언론을 통해 접하고 있는 기후변화와 그 피해들에 대해서는 심각하게 받아들이면서도, 막상 기후변화를 일으키는 우리 삶과의 연결고리는 인식하지 못하는 걸까? 깊은 밤 반짝이는 도시의 불빛을 마냥 아름답다고만

여겨도 좋은 걸까? 사람들은 환경이나 기후변화 따위를 돌아볼 만큼 한가하지 않다고 말한다. 하지만 기후변화는 누군가의 한가한 고민이 아니라 지금 우리 삶의 가장 중요한 문제이자 미래가 달린 중요한 문제임을 인식해야 한다. 그러한 의미에서 우리의 삶과 기후변화 사이의 연결고리를 찾아봤으면 한다.

가까운 예를 들어보자. 우리나라의 경우 기후변화로 인해 봄과 가을이 짧아지고 여름과 겨울이 길어졌다. 게다가 여름은 더 더워지고 겨울은 더 추워졌다. 사람들은 더워진 여름을 버티기 위해 더 많이 에어컨을 켜고, 추워진 겨울을 버티기 위해 더 많은 난방을 한다. 결국 냉난방을 위해 빠듯한 생활비에서 더 많은 돈이 지출된다. 더 덥고 더 추워진 날씨 탓에 더 많은 에너지가 필요해지면서, 기후변화의 주범인 이산화탄소를 더 많이 배출하게 되었다. 이산화탄소는 기후변화를 더 심각하게 만든다. 악순환이 계속되는 것이다.

그런데 사실 기후변화는 위의 예처럼 쉽게 설명되지 않는 경우가 훨씬 더 많다. 그렇다면 우리의 삶 속에 복잡하게 엮여 있는 기후변화와 우리 삶과의 연결고리를 어떻게 찾을 수 있을까? 그리고 그 중 어떤 것이 악순환의 연결고리이고, 그것을 끊어낼 수 있는 방법은 무엇인지 생각해봐야 한다. 이 책은 우리의 삶과 농업, 기후변화의 연결고리를 찾아보는 것에 초점을 맞추고 있다.

우리가 살면서 가장 중요한 것이 먹는 일임에도 불구하고, 무엇을 어디에서 먹을지, 건강한 음식인지 아닌지, 비싼지 싼지, 이런 것을 고민하는 데에는 많은 시간을 할애하면서도 먹는 일의 근본인 농업에 대해서는 깊게 생각하지 않는다. 그러니 농업과 기후변화와의 연결고리를 찾아보겠다고 하는 것은 조금 생뚱맞고 어려운 일이다. 심지어 요즘은 우리가 흔히 아는 농작물들을 마트 진열대에서만 보아서, 당근이나 마늘과 같은 작물들이 땅속에서 자라는지 나무에서 열리는지 모르는 사람들도 많아졌다고 한다. 그럼에도 앞서 말한 것처럼 기후변화와 우리 삶과의 연결고리를 알고 준비하고자 하는 것은 일부 사람의 한가한 걱정이 아니라 지금 눈앞에 닥친 위협에 대응하기 위한 것이고, 농업이 기후변화의 영향을 직접적으로 받는 우리의 삶의 가장 중요한 부분이기 때문이다.

이를 위해 가장 먼저 왜 기후변화를 이야기하는지 살펴보고 넘어가기로 하자. 서두에 말했듯이 기후변화라는 단어는 너무도 익숙해졌고 텔레비전이나 신문 혹은 많은 책들을 통해 이미 기후변화의 준전문가가 된 분들도 꽤 많은 것으로 생각된다. 그런 분들은 조금은 가벼운 마음으로 1장을 읽어주길 바란다.

그간 안녕하셨습니까?

사실 지금에야 귀가 따갑게 듣는 것이 기후변화이지만 전세계적으로 기후변화 문제를 인식하고 대처하기 시작한 것은 그리 오래되지 않았다. 지구온난화에 대한 우려의 목소리가 나온 것은 70년대 후반이었고, 이에 대해 전세계 주요 국가들이 적극적으로 논의를 시작한 것도 20년 후인 1990년대에 들어서이다. 지금은 1992년 만들어진 전세계 주요 국가들의 논의체인 '기후변화에 관한 유엔 기본협약'이 있고, 매년 연말에 이 기후변화협약을 이행하기 위한 당사국 총회가 개최되고 있다. 기후변화 당사국 총회가 현재 기후변화를 막기 위해 마련된 가장 큰 논의의 장인 만큼 이에 관한 자세한 이야기는 조금 뒤로 미뤄 두기로 하자.

이렇듯 전세계가 기후변화 문제에 적극적인 대응을 하기 시작한 것이 겨우 30~40년 정도밖에 되지 않는다. 그렇다면 기후변화는 어느 날 갑자기 툭! 하고 튀어나온 걸까? 그렇지는 않다. 기후변화를 이해하기 위해 산업화와 그 이후에 일어난 환경 문제들에 대해 먼저 이야기해보았으면 한다. 왜냐하면 기후변화를 가장 심각하게 야기한 것이 과도한 이산화탄소의 발생이고 이산화탄소가 석유·석탄과 같은 화석연료의 연소에 의한 것인 만큼, 우리가 화석연료에 의존하게 되고 많은 이산화탄소를 배출하게 된 짧은 역사를 알아볼 필요가 있기 때문이다. 그리고 기후변화는 산업화 과정에서, 그리고 그 이후에 발생했던 환경 문제들의 최종판이라 해도 과언이 아니기 때문이다.

18세기 영국을 시작으로 19세기 미국, 독일, 일본에까지 이어진 산업혁명은 인류 역사를 바꾸어 놓았다. 증기기관차와 전구를 발명하고, 최초로 상업 발전소가 들어선 것도 이 시기이다. 산업은 발전된 과학의 힘으로, 과학은 늘어난 산업의 자본을 기반으로, 서로 영향을 주고받으며 성장하기 시작했다. 사람들은 기계의 힘을 빌려 더 많은 재화를 생산해낼 수 있게 되었고 자본이 넘쳐나기 시작했다. 이러한 풍요를 지탱하기 위해 더 많은 재화의 생산이 요구되었고, 사람들은 더 많이 기계에 의존하게 되었다. 그리고 이전보다 많은 기계들을 움직이게 되다 보니 자연자원의 투입도 함께 늘어나게 되었다.

하지만 새로운 문제에 봉착하게 되었다. 바로 자연자원이 부족해진 것이다. 선진국들은 곧 식민지의 확보라는 부적절한 방식으로 문제를 풀어내기 시작했다. 선진국 간 식민지 확보를 위한, 자원을 위한 전쟁이 시작되었다. 이러한 산업화 과정과 식민지 역사는 이후 언급될 기후변화 대응에 있어서의 선진국과 개발도상국 사이의 서로 다른 책임의 문제나 기후부채^{Climate Debt}의 문제로 이어진다.

20세기 초의 역사는 계속되는 식민지 쟁탈과 두 번의 세계대전, 그리고 세계대공황으로 채워진다. 그 후 도래한 20세기 중반, 지구 환경은 이미 피폐해질 대로 피폐해져버렸다. 그런데 아이러니하게도 전쟁을 치르면서 미국은 눈부신 경제성장을 이루게 되었고, 자본주의도 빠르게 확산되었다. 농업과 축산업 역시 비약적으로 발전했다. 늘어난 인구를 충분히 먹여 살릴 수 있을 만큼 많은 양의 농작물이 기계와 농약, 화학비료의 힘을 바탕으로 대량 생산되었고, 공장식 대규모 축산업이 등장했다. 자연과 땅, 동물들과 교감하던 농경과 목축이 인간미 하나 없는 대규모 산업으로 전락하기 시작한 것이다. 인간은 자연과 더욱 멀어지고 자연은 더 많이 파괴되었음에도 불구하고 산업과 경제는 지속적으로 발전해나갔다. 이것이 가능했던 것은 모두 값싼 화석연료 덕이었다. 하지만 화석연료 역시 유한한 천연자원이기에 자원 고갈의 문제가 다시 대두되었다. 이때 자원 고갈 문제를 처음으로 심각하게 경고하고 있는 로마클럽 보고서 『성장의 한계』*The Limits To Growth*가 발표된다.

로마클럽 보고서 『성장의 한계』는 경제성장과 과학에 대한 맹신을 비판하면서 근본적으로 우리의 삶이 이대로 지속가능한가에 대한 문제를 제기하였다. 그리고 현재의 성장 추세가 계속 변하지 않는 한, 앞으로 100년 안에 성장의 한계에 도달할 것이라고 내다보았다. 특히 화석연료인 석탄은 111년, 석유는 22년분밖에 남아 있지 않았다는 예측을 내놓음으로써 대부분의 에너지를 석유와 석탄에 의존하는 시스템을 통해 경제성장을 해오던 선진국들은 엄청난 위기의식과 함께 고민에 빠지게 된다.

이러한 비관적인 보고서가 발표되고 두 번의 오일쇼크가 이어지면서 화석연료에 대한 위기의식은 더욱 고조되었다. 이후 유럽 등 선진국을 중심으로, 석유로부터 독립하고 자원 고갈 문제로부터 벗어나기 위해 태양, 바람, 물 등 자연을 에너지원으로 활용하는 대체 에너지 개발이 활발하게 진행된다. 그러나 한국을 비롯하여 대부분의 나라들은 화석연료의 힘을 빌려 산업화를 진행하였고 지금도 여전히 그런 시스템을 고수하고 있다. 전세계적인 화석연료 기반의 산업화와 경제성장시스템으로 화석연료의 고갈은 시간문제가 돼버렸다. 이미 석유 생산정점Peak Oil이 지나서 앞으로는 생산 속도가 점점 줄어들 것이라는 비관적 전망도 나오기 시작했다.

많은 비관적 전망에도 불구하고 우리는 여전히 석유 사용량을 줄이지 못한 채 석유 중독에 빠져 있다. 해마다 국제 유가를 예측하고, 이것이 우리 경제와 사회변화의 가장 중요한 변수로 작용하고 있다. 국제 유가가 올라가면 에너지 원가가 상승하게 되고 우리가 쓰는 물부터 음식, 옷 등 돈으로 사고파는 모든 재화의 가격이 오르게 된다. 우리가 흔히 "물가가 올랐다"고 표현하는 말은 "에너지 가격이 올랐다"는 말과 무관하지 않다. 국제 유가가 배럴당 1달러 상승하느냐 하락하느냐에 따라 우리의 삶과 사회가 좌지우지되고 있다.

과학자들은 지구의 나이를 46억 년쯤으로 추정한다. 이를 하루 24시간으로 계산했을 때 인류가 존재한 시간은 약 0.75초 정도 된다. 그러니 우리 인류의 역사는 지구의 오랜 역사에 비하면 말 그대로 눈 깜짝할 사이 정도밖에 되지 않는다. 그런데 그 눈 깜짝할 사이에 인간은 수 시간에 걸쳐 생성된 자연자원을 고갈시키는 위기를 만들어낸 것이다. 그리고 이제 우리에게 '안녕'의 시대는 보장받을 수 없는 미래가 되었다.

기후변화, 과학자들만의 이야기?

그럼 만약 석유와 석탄이 고갈되지 않는다면 우리의 풍요로운 삶은 지속될 수 있는 것일까? 애석하지만 그렇지 않다. 산업화와 자본주의, 시장경제의 확대는 자원의 고갈이라는 문제보다 더 심각한 기후변화라는 문제를 만들어냈기 때문이다. 이제 석유, 석탄과 같은 자원을 어떻게 효율적으로 활용하고 대체해야 하는가의 문제와 더불어 자원을 사용하면서 발생한 예상치 못한 영향까지 고려해야 하는 또 다른 난제가 발생한 것이다. 기후변화를 설명하기 위해 지구온난화를 일으키는 온실효과의 발생 원리를 설명할 필요는 없을 것이다. 서두에 이야기한 것처럼 우리는 이미 기후변화의 시대에 살면서 어느 정도 수준의 지식을 쌓았기 때문이다. 다만, 기후변화와 우리 인간의 생활이 어떻게 연관되는지 그 연결고리는 한번 살펴볼 필요가 있다.

로마클럽 보고서가 자원의 고갈과 경제성장의 한계에 대한 근본적인 질문을 최초로 던졌다면, 기후변화 문제에 이러한 질문을 처음 던진 것은 IPCC^{Intergovernmental Panel on Climate Change} 보고서이다. IPCC는 '기후변화에 관한 정부 간 패널'로 번역되며, 기후변화를 분석하기 위해 유엔환경계획^{UNEP}과 세계기상기구^{WMO}가 공동으로 설립한 기구이다. 아직 일반 사람들에게는 낯설지만 2007년, 〈불편한 진실〉로 유명한 앨 고어 미국 전 부통령과 함께 기후변화 문제 해결을 위한 노력이 인정되어 노벨 평화상을 수상하기도 하였다.

IPCC가 발간하는 보고서는 기후변화 문제를 다루는 데 있어서 매우 중요하다.* 왜냐하면 우리 인간의 산업활동과 기후변화 간의 상관관계를 과학적으로 증명함으로써 그간 기후변화를 둘러싸고 치열하게 진행된 "기후변화가 자연적인 현상인가, 인간의 활동으로 인해 생겨난 인위적 결과인가"에 대한 논쟁의 일단락을 맺어주었기 때문이다. 그렇다면 실제 인간의 산업활동, 우리의 삶이 기후변화와 어떤 관련이 있다는 것일까?

지구온난화의 주범이라는 온실가스 중에서 이산화탄소, 메탄, 아산화질소, 수소불화탄소, 과불화탄소, 육불화황 등 여섯 가지를 유엔에서는 주요 감축 대상으로 규정하고 있다. 앞의 세 가지는 자연계에 이미 존재했지만 인간 활동으로 양이 많아진 것이고, 뒤의 세 가지는 인간이 산업활동 과정에서 인위적으로 만들어낸 물질이다. 하지만 기후변화는 이산화탄소의 문제라고 이야기하는 것처럼 온실가스 중 기후변화에 가장 많은 영향을 미치는 것은 이산화탄소이고, 전체 배출되는 온실가스의 약 60퍼센트를 차지한다. 그리고 우리 삶과 가장 밀접한 관계를 맺고 있기도 하다.

나는 차도 없고 석유나 석탄과는 거리가 먼데 어째서 이산화탄

● IPCC 보고서는 매우 두껍고 전문적인 용어들이 사용되고 있어서 일반인들이 읽기가 쉽지 않다. 다행히 한글요약본이 나와 있으니, 더 자세한 내용을 알고 싶다면 이를 참고하면 될 것이다.

온실가스의 종류와 그 영향

구 분	온실가스	비 고
자연적으로 발생하는 온실가스	수증기(H2O), 이산화탄소(CO2), 메탄(CH4), 아산화질소(N2O), 오존(O3)	
자연계에 존재하지 않으나 인간이 합성한 온실가스	수소불화탄소(HFCs), 과불화탄소(PFCs), 육불화황(SF6)	성층권 오존붕괴 물질은 아니나 온실효과가 큰 가스
	염화불화탄소(CFCs), 수소염화불화탄소(HCFCs)	성층권 오존붕괴 물질
기타 온실가스	일산화탄소(CO), 이산화질소(NO2), 이산화황(SO2), 대류권 오존(Troposphere O3)	대류권 대기오염 물질
	Aerosols	

	CO2	CH4	N2O	HFCs, PFCs, SF6
배출원	에너지 사용 / 산업 공정	폐기물 / 농업 / 축산	산업 공정 / 비료 사용	냉매 / 세척용
지구온난화 지수	1	21	310	1300~23900
온난화 기여도(%)	55	15	6	24
국내 총 배출량(%)	88.6	4.8	2.8	3.8

출처: 에너지관리공단 기후대책실

소 배출과 관련이 있다는 건지 의문을 가질 수도 있다. 일반적으로 대부분의 사람들이 화석연료를 가까이 할 일은 자동차나 보일러에 연료를 채울 때 정도이기 때문이다. 하지만 지금 우리 사회는 화석연료 없이는 조금도 움직일 수 없다. 우리가 쓰는 전기는 발전소에서 만들어져서 집까지 송전되는데, 이 전기의 60퍼센트는 석유·석탄·천연가스 등 화석연료를 연소하여 얻어진다. 자동차·항공·선박 등 모든 교통수단 역시 석유에 의존하고 있다. 24시간 전기가 필요한 냉장고는 집집마다 있고, 여름에는 에어컨과 선풍기를 이용하며, 겨울에는 전기장판이나 온풍기 혹은 등유나 연탄으로 난방을 한다. 원하든 원치 않든 아침에 눈을 떠서 다시 잠자리에 들 때까지, 아니 잠이 든 동안에도 우리가 화석연료로부터 자유로운 시간은 없다.

이 책의 주인공인 농업도 마찬가지이다. 농부는 화학비료와 농기계를 이용하여 농사를 짓고 그 농작물은 산지에서 소비자에게로 이동한다. 이 이동의 순간에도 화석연료는 연소된다. 만약 우리가 먹는 농작물이 수입산이라면 이동의 거리가 늘 뿐 아니라 이동수단도 자동차가 아닌 선박이나 항공을 이용하게 되니 더 많은 화석연료가 연소될 것이고 더 많은 온실가스를 배출할 것이다. 사람들은 차를 타고 마트에 가서 장을 보고 그 식품들을 냉장고 속에 보관한다. 농부의 밭에서 소비자의 식탁까지 오는 길은 모두 화석연료의 소비로 이루어지는 것이다. 그러니 나는 이산화탄소의 배출이나 기후변화에 기여한 바가 없다는 것은 거짓말이 된다.

이산화탄소 다음으로 많이 배출되는 것은 메탄이다. 메탄은 축산 폐수나 폐기물 매립장에서, 그리고 동물의 배설물이나 동식물이 죽어서 분해되는 과정, 천연가스가 연소할 때 발생한다. 그러니 산업의 발달이 안겨준 엄청난 양의 폐기물은 더 많은 메탄을 배출하게 되었다. 또한 우리 소비문화의 변화로 인한 축산업의 발달 역시 메탄가스 배출 증가에 일조한다. 예전에는 생일이나 잔칫날에만 먹었던 고기가 이제 가장 흔한 음식이 되었고, 건강에 좋다는 우유는 매일 집으로 배달된다. 모든 사람들이 저렴한 가격으로 고기를 소비하고 우유를 마실 수 있을 정도로 축산업은 발달했다. 하지만 축산이 산업을 위해 인위적으로 늘어나게 되면서 메탄의 양도 같이 늘어나게 됐다. 최근에는 공장식 축산이 비윤리적이라는 이유 외에도 기후변화를 일으키는 큰 원인 중의 하나라는 인식을 가지고 채식을 선택하는 이들도 늘고 있다.

또 하나, 농업과 긴밀한 연관이 있는 온실가스 중 하나가 바로 아산화질소이다. 폐기물 소각 과정에서도 발생하는 아산화질소는 주로 화학비료를 생산하는 과정에서 만들어진다. 농작물에 뿌리는 화학비료 때문에 기후변화가 더 가속화되는 것이다. 물론 대안이 없지는 않다. 유기농업이 그 대안 중의 하나이다. 우리가 유기농 농산물이나 이를 원료로 가공한 제품을 선택해야 하는 이유는 건강을 위해서라는 일차적인 이유도 있겠지만, 소비자가 더 많은 유기농을 선택하면 유기농업을 선택하는 농부들이 늘어날 것이며, 이를 통해 기후변화를 막을 수 있고 화학비료의 사용으로 죽어가는 땅도 되살릴 수 있기 때문이다.

앞의 세 가지 온실가스 외에 수소불화탄소, 과불화탄소, 육불화황은 주로 산업 공정에서 발생한다. 우리나라가 세계 1위의 산업으로 선전하고 있는 반도체산업이나 전자산업 역시 이러한 온실가스를 배출한다.

여기서 또 하나 중요한 것이 '지구온난화 지수'인데 이것은 온실가스가 온난화에 미치는 영향의 정도를 수치로 나타낸 것이다. 이산화탄소를 1로 볼 때 메탄이 21, 아산화질소는 310, 수소불화탄소는 1,300, 과불화탄소는 7,000, 그리고 육불화황은 23,900이다. 즉 이산화탄소 1을 배출하는 것보다 육불화황 1을 배출하는 것이 온난화에 약 23,900배 더 많은 영향을 미친다는 것이다. 그렇기 때문에 산업 공정에서 온실가스가 상대적으로 적게 배출됨에도 불구하고 기후변화에 미치는 영향이 높다고 이야기하는 것이다. 반면 지구온난화 지수가 1밖에 되지 않는 이산화탄소가 전체 온실가스 배출량 중 60퍼센트를 차지한다는 사실에서, 우리가 얼마나 많은 화석연료를 통해 지구온난화를 일으키고 있는지 놀라게 된다.

지금까지는 이렇게 여섯 가지를 주요 온실가스로 규제해왔다. 그러나 지난 2012년 11월 카타르 도하에서 개최된 기후변화협약 당사국 총회에서는 주요 감축 대상 온실가스에 삼불화질소를 새롭게 추가했다. 삼불화질소는 최근 더욱 많이 생산되기 시작한 평면 모니터와 태양전지 생산에 사용되는 물질로, 지구온난화 지수가 17,200인 매우 강력한 온실가스이다.

기후변화의 영향 — 멀지 않은 미래

우리가 생활에서 온실가스를 배출하지 않고서는 사회 전반의 작동이 불가능하다는 사실을 겸허히 받아들여야 한다. 그런데 기후변화가 일어나면 어떠한 문제가 발생하기에 온실가스를 감축해야 한다고 하고, 21세기 최대 환경위기라고까지 이야기하는 걸까? 왜 우리는 지금과 같은 편리한 삶의 방식을 바꿔가면서까지 기후변화를 막아야 하는 걸까? 기후변화는 어떻게 부메랑처럼 나의 삶에 영향을 줄까?

기후변화에 따른 결과로서 온난화와 해빙, 생물종의 감소 등 많은 예측들이 쏟아져나오고 있다. 앞서 언급한 IPCC 보고서 외에도 국내외의 많은 연구소들이 비관적인 미래를 예측하고 있다. 하지만 이것은 먼 미래의 모습이 아니다. 이미 현실로 나타나고 있다. 해수면 상승으로 사라져가는 많은 섬나라 중 가장 유명한 곳은 바로 투발루이다. 투발루는 아홉 개의 섬 중에 두 개가 이미 물에 잠겼고, 2001년에는 국토 포기 선언을 했다. 약 1만 명의 투발루 사람들은 모두 난민으로 전락했다. 기후변화는 비단 작은 섬나라만의 문제가 아니다. 2003년 유럽에서 급작스런 폭염으로 3만 명이 사망했고, 2005년 미국에서도 예상치 못한 초대형 허리케인 '카트리나'의 영향으로 약 1,700명이 사망했다. 우리에게 쓰나미의 두려움을 처음 알려준 태국에서는 쓰나미로 인해 약 900명이 사망했고 약 1,000명은 실종으로 기록되었다.

세계보건기구^{WHO}는 기후변화로 인해 연간 15만 명이 사망한다고 보고하고 있다. 여기에는 태풍이나 쓰나미와 같은 직접적인 기상현상과 더불어 말라리아와 같은 질병의 확산, 그리고 가뭄에 의한 기근 등이 포함된다. 우리나라 역시 지난 100년간 지구 평균기온 상승률에 비해 두 배나 높은 평균기온 상승률을 보여 1.7℃가 높아진 것으로 관측되었다. 봄철 이상저온과 빈번한 홍수와 가뭄으로 농어업 피해가 늘었으며, 국내에서는 보기 힘든 질병으로 여겨지던 말라리아가 출현하였다. 자연의 순환과 균형이 깨지고, 동식물들도 하나 둘씩 사라지고 있다.

기후변화를 막기 위한 노력과 책임

기후변화는 진행되고 있고, 그 피해는 서서히 현실로 나타나고 있다. 그렇다면 기후변화는 막을 수 없는 걸까? 우리는 어떻게 기후변화를 막을 수 있을까? 여기서 앞서 미뤄둔 유엔 기후변화협약과 당사국 총회에 관한 이야기를 해보자. 1992년 유엔환경개발회의^{UNCED}에서 채택된 '기후변화에 관한 유엔 기본협약'은 '공동의 차별화된 책임'을 기본으로 각국이 기후변화에 대해 서로 다른 책임을 가지고 온실가스를 감축하기 위한 의무를 부담하기로 결정하였다. 그리고 이 협약의 이행을 위한 세부 논의를 위해 매년 당사국 총회를 진행하고 있다. 기후변화 당사국 총회는 현재 전세계 주요 국가들이

Ⅴ '기후변화에 관한 유엔 기본협약'과 기후변화 당사국 총회

기후변화에 관한 유엔 기본협약United Nations Framework Convention on Climate Change, UNFCCC은 지구온난화 방지를 위해 온실가스의 인위적 방출을 규제하기 위한 협약으로, 흔히 '유엔 기후변화협약'이라 불린다. 1992년 6월 리우회의(유엔환경개발회의)에서 채택되어 1994년 3월 21일 발효되었다. 우리나라는 1993년 12월에 47번째로 가입하였고, 2009년 12월 현재 192개국이 가입하였다. 이 협약은 '공동의 차별화된 책임' common but differentiated responsibilities의 원칙하에 가입 당사국을 부속서 국가와 비부속서 국가로 구분하여 각기 다른 의무를 부담하기로 결정하였다. 지금까지 에너지를 많이 사용해왔고 기술적·경제적 능력이 있는 선진국이 부속서Ⅰ 국가로 많은 책임을 지고 있으며 그 외 부속서Ⅱ 국가, 기타 국가(개발도상국)로 구분하여 각기 다른 의무를 부과하고 있다.

기후변화협약의 구체적인 이행 방안을 논의하기 위해 매년 당사국 간의 회의인 기후변화 당사국 총회Conference of the Parties, COP를 개최하며 통상 11~12월 약 2주간 5개 대륙 순환 원칙에 따라 개최지를 바꿔가며 진행한다. 모든 당사국은 온실가스를 줄이기 위한 국가 전략을 수립·시행하고 이를 공개해야 하며, 통계자료와 정책 이행에 대한 보고서를 협약 당사국 총회에 제출해야 한다. 경제위기와 국가 간 합의의 어려움으로 인해 그 영향력이 많이 약해졌으나 전지구적으로 기후변화를 막기 위해 공동행동을 이끌어가고 있는 유일한 협의체로서 큰 의미를 가진다.

우리나라는 기타 국가로 분류되어 국가보고서 제출 등 협약상 일반적 의무만 수행하면 되지만 OECD 가입 이후 미국, 일본 등 선진국에서 자발적으로 부속서Ⅰ 국가와 같은 의무를 부담해줄 것을 요구하고 있다.

기후변화를 막기 위해 논의를 진행하는 가장 큰 공간이다. 아마도 '기후변화'라는 단어 다음으로 가장 많이 들어봤을 단어가 바로 '교토의정서'일 텐데 이것도 1997년 교토에서 열린 당사국 총회에서 채택되었고, 인천에 유치하기로 한 녹색기후기금도 2010년 멕시코 칸쿤에서 열린 당사국 총회에서 논의하여 만들어낸 결과물이다.

기후변화협약이 채택하고 있는 '공동의 차별화된 책임' 원칙은 기후변화라는 전세계의 공통 의제에 대해 각 국가가 기후변화에 기여한 만큼 서로 다른 수준의 책임을 진다는 것이다. 즉 선진국이 개발도상국보다 먼저 산업화를 이루었고 그 과정에서 배출한 이산화탄소와 온실가스로 인해 지금의 기후변화가 발생했으므로 선진국이 개발도상국보다 더 많은 책임을 져야 한다는 것이다. 전세계가 고통받는 기후변화 문제에 대해 선진국들만이 '교토의정서'상의 의무를 부과 받은 것도 바로 그들에게 역사적 책임이 있기 때문이었다. 하지만 아쉽게도 이 합의를 충실히 이행한 선진국은 없고, 여전히 온실가스는 증가하고 있다. 게다가 최근에는 중국, 인도를 비롯한 개발도상국의 온실가스 배출이 늘어나면서 온난화가 더욱 가속화되는 상황에서, 선진국들이 그들의 역사적 책임을 다하기보다 회피하려 하고 있다는 비판의 목소리가 높아지고 있다.

물론 선진국만의 노력으로 극단으로 치닫고 있는 기후변화를 막을 수는 없다. 지금까지의 기후변화에 대한 책임 논의는 역사적 책임을 강조하여 선진국들의 적극적인 행동을 요구하는 수준에 머

2009년 현재 각국 이산화탄소 배출량

순위	국 가	배출량 (million tonnes)	배출기여도
1	중 국	7,711 MT	25.4%
2	미 국	5,425 MT	17.8%
3	인 도	1,602 MT	5.3%
4	러시아	1,572 MT	5.2%
5	일 본	1,098 MT	3.6%
6	독 일	766 MT	2.5%
7	캐나다	541 MT	1.8%
8	한 국	528 MT	1.7%
9	이 란	527 MT	1.7%
10	영 국	520 MT	1.7%

출처: 미국 에너지정보국(US EIA: Energy Information Administration)

물러 있었다. 그런데 중국과 인도를 중심으로 선진 개도국의 온실
가스 배출이 급격히 늘어 2009년 현재 각각 1위와 3위를 차지하고
있다. 이들도 지구 전체에 영향을 미치는 이산화탄소 배출의 책임
에서 결코 자유로울 수 없는 상황이 된 것이다. 온실가스가 대기 중
에 150여 년 동안 머문다는 것을 상기해보면 지금 배출한 이산화탄
소로 미래 세대에 미칠 영향에 대한 책임을 묻지 않을 수 없다. 이제
는 온실가스의 배출 그리고 기후변화에 대한 역사적 책임뿐 아니라
현재의 책임 그리고 미래에 대한 책임도 진지하게 고민해야 한다.

우리나라 역시 기후변화에 대한 책임에서 자유롭지 않다. 한국은 에너지 다소비 산업이 많아 온실가스, 특히 이산화탄소의 배출량이 매우 높아서 지난 2011년에는 전세계에서 일곱 번째로 많은 이산화탄소를 배출한 것으로 나타났다. 한국의 높은 온실가스 배출량보다 더 안타깝고 실망스러운 것은 한국이 경제성장에 있어서는 '경제대국 한국', '동아시아의 떠오르는 별'이라는 얘기를 들을 정도로 의지를 가지고 노력하는 데 반해, 경제성장보다 더 중요한 기후변화 문제에 있어서는 늘 그 책임에서 한발 물러서는 자세를 취하고 있다는 것이다. 한국의 눈부신 경제성장이 세계적인 자랑이라고들 한다. 그것을 부정하고 싶지는 않다. 하지만 그것이 진정성을 가지기 위해서는 눈부신 성장을 위해 배출한 온실가스와 그로 인한 기후변화에 대한 전지구적 책임에 동참해야 한다.

기후변화에
대응하는 자세

해수면 상승으로 섬나라, 해안 도시는 바다 속으로 가라앉았다. 생물종의 상당수가 멸종했고, 극심한 가뭄과 홍수 그리고 농경지의 축소로 전세계가 식량난에 시달린다. 치솟는 석유 값과 함께 물가도 상승하여 경제난이 심각해졌다. 기후변화가 더 심각해졌음에도 화석연료 수요는 늘어났으며 그 대안으로 위험한 원자력을 선택하는 지경에 이르렀다. 만약 우리가 기후변화를 막기 위해 적극적으로 노력하지 않는다면 이것이 기후변화가 만들 우리의 미래이다.

그러면 지금 우리는 무엇을 해야 할까? 기후변화에 대응하기 위해 우리는 두 가지를 해야 한다고 한다. 그것은 '완화' mitigation와 '적응' adaptation이다. '완화'는 기후변화를 일으키는 온실가스의 배출을 최대한 줄임으로써 우리가 막을 수 있는 한 기후변화가 진행되는 속도와 영향을 최소화하는 것을 말하며, '적응'은 앞으로 예상되는 기후변화에 따른 위험을 줄이거나, 기후변화를 기회로 이용하는 것을 의미한다. 선진국과 그 외 책임 있는 국가들의 행동을 통해 기후변화를 완화했다면, 이제는 기후변화 대응에 취약한 국가와 사람들을 위한 적응도 필요하다. 그리고 좀 더 근본적인 기후변화 문제의 해결책을 찾아내야 한다.

기후변화와 인권

저개발 국가, 가난한 나라가 기후변화에 더욱 취약한 만큼 이로 인한 피해도 다양하게 나타난다. 앞서 다룬 자연재해와 같은 직접적인 영향도 있지만, 간접적인 갈등도 유발하고 있다. 그리고 이러한 갈등으로 인해 이 국가들은 더 어려운 처지에 놓이게 되었다. 이러한 갈등을 단적으로 보여주는 예가 기후난민이다. 유엔난민기구는 2007년에 기후난민의 수를 3,740만으로 추정하였고, 기후변화가 수많은 사람들을 난민으로 만들고 있다고 보고했다.

2012년 3월에 발표된 아시아개발은행의 『아태 지역 기후변화와 이주에 관한 대처 방안』 보고서에 따르면 아시아·태평양 지역에서 수백만 명의 기후난민이 발생할 것이라 예측하면서 지난 2년 동안 자연재해로 거주지를 옮긴 아시아인은 4,200만 명에 달하는 것으로 밝혔다. 실제로 2010년 파키스탄에서는 대홍수로 3,180만 명의 기후난민이 발생하기도 했다.

　문제는 이러한 난민들이 지속적으로 늘고 있다는 것뿐 아니라 이들이 국제법상 '난민'으로 인정받지 못하여 보호를 받지 못하고 있다는 것이다. 독일 환경단체인 저먼워치는 지난 20년간 기후변화로 가장 많은 피해를 본 국가로 방글라데시를 꼽았다. IPCC 또한 2050년까지 방글라데시 국토의 17퍼센트가 침수돼 약 2,000만 명의 기후난민이 발생할 것이라고 전망하기도 했다. 그런데 인접 국가인 인도는 유독 방글라데시와의 국경지대에 14,100킬로미터에 달하는 철조망을 설치함으로써 수천만 명에 이를 것으로 추정되는 방글라데시 기후난민의 유입을 막고 있다.

　기후변화에 따른 난민에는, 가라앉아가는 섬나라 사람이나 극단적 환경 재난으로 인한 이주민뿐 아니라 기후변화로 농지를 잃거나 거대 기업에 농지를 빼앗긴 농민, 자연을 일구고 살다가 쫓겨난 원주민 등도 포함된다. 이들 모두 직·간접적으로 기후변화로 인해 자신의 삶의 터전을 잃고 이주해야 하는 사람들이다. 그렇지만 현재 '난민'은 1951년 2차세계대전 이후 유럽에서 만들어진 구닥다리 개념을 그대로 쓰고 있다. 전쟁, 이데올로기, 종교 등을 중심으로 만들어진 '난민' 개념이 지금과 같이 새로운 문제가 생겨나고 난민이 발생하는 상황에서 유연하게 재해석되지 않는다면 보호받지 못한 채 늘어나는 기후난민들로 인해 2차세계대전과도 같은 인명 피해와 갈등을 야기할 것이다.

기후변화에 적응하는 삶

서두에 언급했듯이 기후변화로 바뀔 우리의 미래는 밝지 않다. 온실가스는 더욱 증가하고 그럴수록 지구는 더욱 뜨거워질 것이며 이로 인한 해빙과 해수면 상승 그리고 빈번해진 극단적 기후 재난이 발생하게 된다. 그리고 무엇보다 이 기후변화의 피해는 저개발 국가 가난한 사람들에게 가장 먼저 불어닥친다. 농민들은 토지를 잃고 이는 곧 식량난으로 이어질 것이다. 그리고 또 다시 굶주림이라는 고통 앞에 가장 먼저 가난한 이들이 서게 된다.

하지만 이런 미래는 우리가 충분히 피할 수 있는 세상이기도 하다. 우리가 더 많은 것을 소비하는 풍요로운 삶을 고집하지만 않는다면 말이다. 그러기 위해 우리는 기후변화에 적응하기 이전에 기후변화를 막기 위해 조금은 덜 풍요로운 삶에 적응할 필요가 있다. 지구 자원과 환경의 지속가능성을 고려하여 조금 덜 쓰는 삶에 익숙해지는 것이다.

우리는 자본주의 세상에서 살고 있다. 그리고 자본주의는 끊임없이 우리에게 소비를 요구한다. 텔레비전, 라디오, 인터넷 광고를 통해 실시간으로 소비를 부추긴다. 하지만 생각해보자. 우리가 소비하는 모든 것들, 예를 들면 가구·자동차와 같은 모든 상품이나 석유와 같은 연료, 심지어는 물까지도 모두 지구 자원을 이용하는 것이다. 아주 식상한 이야기지만 결국 과소비는 과도한 지구 자원의 낭비로 이어지고 급격한 기후변화의 원인으로 작용하니 조금은 덜 쓰고 아끼자는 것이다. 끊임없이 소비를 하지 않아도 충분히 풍요로울 수 있는 삶을 만드는 것, 소비를 신중히 하는 것, 그리고 그것에 적응하는 것, 이것이 기후변화 시대를 사는 우리가 해야 할 '완화'와 '적응' 전략이다.

에너지 전환
— 가지 못한 길

1976년 미국 로키마운틴연구소의 공동 설립자이자 현 소장인 애머리 로빈스Amory Lovins는 로버트 프로스트의 오래된 시 「가지 않은 길」 The Road not Taken의 제목을 딴 『에너지 전략: 가지 않은 길』Energy Strategy: The Road not Taken이라는 보고서를 발표했다. 이 글은 대규모 기술과 화석연료를 기반으로 한 중앙집중형 경성에너지Hard Energy와 기술과 환경, 사회, 경제 간의 조화를 중심으로 중소 규모의 다양한 재생가능에너지를 기반으로 한 분산형 연성에너지Soft Energy를 비교한다. 그리고 이미 짜인 경성에너지시스템에서 연성에너지로의 전환이 얼마나 어려운가를 이야기하면서, 원자력과 화석연료에 대한 포기 없이 재생가능에너지를 통한 지속가능한 에너지 전략이 불가능하다는 것을 이야기한다.

석탄, 석유나 천연가스와 같은 화석연료는 기후변화의 가장 큰 원인이자 언젠가 고갈될 재생 불가능한 자원이다. 아직까지 매장량이 풍부하다고 하는 우라늄 역시 한계가 있으며, 원자력발전의 위험성이 매우 높기 때문에 미래를 위한 우리의 선택에서 반드시 배제되어야 한다. 이것은 무엇보다 2011년, 이웃 나라인 일본의 후쿠시마에서 터진 원자력발전소 사고를 통해 모든 국민들이 뼈저리게 느꼈을 것이다. 하지만 한국을 포함하여 많은 나라들이 여전히 화석연료와 원자력에 의존한 에너지시스템을 고수하고 있다. 우리는 정말 한번 선택한 길을 되돌아 지속가능한 세상으로 갈 수는 없는 것일까? 우리는 아직 우리가 가지 않은 길을 경험해보지 못했다. 그렇기 때문에 더욱 두렵고 주저할 수밖에 없다. 하지만 그 길은 우리가 선택한 길이 아니라 '아직' 가지 못한 길이다. 앞으로 우리는 이가지 못한 길을 가기 위해 사회, 경제, 정치 등 모든 분야에서의 전환을 이루어야 한다.

직면한 위기 — 화석연료의 고갈과 핵에너지의 위험

화석연료의 고갈에 대한 우려는 로마클럽의 『성장의 한계』에서도 언급했듯이 오래된 이야기이다. 그동안 또 다른 매장지의 개발과 기술의 혁신을 통해 화석연료의 고갈 시기가 석탄 250~300년, 석유 65~70년, 천연가스 85~90년으로 추정되어, 『성장의 한계』에서 예측한 것보다는 늘어났다. 하지만 중국과 인도를 중심으로 한 신흥세력들이 에너지 블랙홀로 자리 잡으며 빠른 속도로 에너지를 소비하고 있어 화석연료의 고갈 시점은 그야말로 안개 속이다. 바이오매스, 풍력, 태양광 등의 재생가능에너지 등이 대안으로 부상하고 있지만 아직은 화석연료를 대체하기에는 역부족이다. 그러다 보니, 후쿠시마 이후에 가장 위험한 에너지로 다시금 회자되고 전세계적 '탈핵' 돌풍을 가져왔음에도 여전히 원자력이 대안의 큰 축으로 자리 잡고 있다.

한번은 필자가 원자력발전소를 견학할 기회가 있었다. 에너지운동을 한 지 2년쯤 되었을 때다. 한번도 본 적 없었던 원자력발전소의 내부, 왠지 그곳의 방사능이 내 살 속으로 들어오는 듯 몹시 불쾌한 기분이었다. 하지만 그것은 단지 기분일 뿐 실제 발전소 내부를 돌아다니는 동안 크게 몸이 아프다거나 급작스럽게 방사능에 노출되는 그런 사고는 일어날 것 같지 않았다. 시간이 지나면서 두려움도 잊혀졌다. 그리고 사용 후 연료 보관소에 이르러 나는 수조를 바라보며 비밀스러운 이야기를 하듯이 나지막이 옆의 선배에게 물었다. "저기에 실수라도 해서 빠지면 죽을까요?" 지금 생각해보면 너무 바보 같은 질문이었지만, 수조는 그냥 물 속에 기계 덩어리가 담겨 있는 것으로 보였다. 내 질문이 당황스러웠는지 잠시 나를 빤히 쳐다보던 선배는 "그냥 어! 하면 이미 죽었겠지"라는 섬뜩한 대답을 했다. 그 대답을 들은 후 다시 경직되어 있던 내가 마지막으로 둘러본 곳은 양식장이었다. 발전소에서 냉각수로 사용된 바닷물이 바로 바다로 흘러 들어가면 해양 생태계에 문제를 일으킬 수 있다는 의견을 수렴하여 발전소에서 나온 물로 양식을 하고 있다고 했다. 양식장에서 한 번 물을 식혀 바다로 내보낸다는 것이다. 이 물에서 자란 생선들이 서울 어느 횟집에서 팔릴지도 모른다는 생각을 하니 머리가 쭈뼛 섰다. 그때만큼 내가 회를 먹지 못하는 것이 반가운 적이 없었다.

이렇게 장황하게 내 이야기를 한 것은 우리가 원자력을 너무 모른다는 것, 그리고 모를 수밖에 없는 것이 원자력의 특징이라는 것을 지적하고 싶어서이다. 생각해보면 우리가 일상에서 석유와 석탄을 쓰고 이로 인해 기후변화가 일어난다는 사실을 온전히 이해하는 것도 참으로 어려운 일이다. 그나마 석유와 석탄은 그림이나 사진 등을 통해 충분히 접해왔다. 그러나 원자력은, 또 원자력발전소는 일반인들에게는 완전히 베일에 가려져 있다. 그 영향도 마찬가지다. 먼지, 매연, 혹은 하다못해 냄새라도 나서 그것을 느낄 수 있는 것은 민감하게 반응할 수 있다. 하지만 우리는 방사능이, 세슘이 어떻게 생겼는지 어떻게 내 몸에 들어오는지 모른다. 그런 원자력발전소를 우리나라는 고수하고 있다. 어떻게 만들어지고 어떻게 내 생활에 영향을 주고 어떤 피해가 있을지 전혀 알지 못하는 위험한 에너지원을 가지고 우리는 도박을 하고 있다.

어떤 기계도 어떤 인간도 완벽하지 않다. 그리고 작은 사고와 실수 혹은 예상치 못한 환경의 변화로도 원자력발전소는 사고에 노출된다. 이미 원자력발전소의 사고는 인류의 재앙이라고 불릴 만큼 위험하다는 것을 경험했다. 원자력발전소에서 나오는 핵폐기물은 100만 년이라는 상상을 초월하는 기간 동안 관리가 필요하다. 수명이 다한 원자력발전소를 안전하게 폐쇄하는 것도 쉽지 않은 일이다. 그러니 최근 기후변화 대응을 논하면서 화석연료 대신 온실가스 배출이 적은 원자력을 대안으로 삼아야 한다는 주장은 더욱 우려되고 안타깝다.

석유 없이는 농사도 못 짓는다?

우리는 텔레비전, 냉장고, 컴퓨터 등 다양한 전기제품을 통해 24시간 에너지를 사용하고 있다. 또한 석유화학제품을 비롯하여 의약품과 의류까지 석유에 의존하지 않고 생산되는 것이 없을 정도로 석유 없이는 살 수 없는 세상이 되었다. 그런데 심각한 것은 이제 석유 없이는 농사를 짓는 것도 어려워졌다는 것이다. 예전의 전통적인 농업은 유기농업에 가까웠지만, 생산량을 늘리기 위해 화학비료를 쓰고 농약을 뿌리고 하우스 농업과 같은 '시설재배'가 육성·확대되면서 석유에 대한 의존은 더욱 높아졌다. 뿐만 아니라 논과 밭을 갈고 씨를 뿌리고 수확하고 도정하는 기계는 물론, 포장·운반·보관에도 모두 석유가 필요하다. 즉 우리가 일상적으로 시장에서 사는 과일과 야채는 물과 석유를 주고 키운 것이나 다름없는 것이다.

게다가 화학비료와 농약은 땅을 오염시키고 생산성을 떨어뜨린다. 장기적으로 보면 농업에서의 석유 사용은 좋은 결과를 가져오지 못한다는 것이다. 게다가 석유의 가격이 안정적이지 못한 상황에서 경작 면적만을 늘려 온전히 농기계에 의존하는 것도 결국은 농민을 어렵게 만드는 이유 중 하나가 된다. 이미 석유는 고갈의 시점을 이야기하는 실정이다. 대안에너지 사용, 전통적 농업 방식으로의 회귀, 인간 중심의 농업활동을 통한 탈석유 농업에 대한 논의가 필요한 시기이다. 문제는 이것이 농민의 힘만으로는 불가능하다는 것이다.

언젠가 귀농을 한 선배가 난감한 표정을 지으며 유기농을 하기 어려울 것 같다는 이야기를 했다. 이유인즉 주변 농민들이 싫어한다는 것이다. 농약을 뿌리는 마을 사람들이 선배가 농약을 안 뿌리니 병충해가 죽지 않고 살아서 수확량이 줄었다며 볼멘소리를 한다는 것이다. 게다가 옆 논밭에 다 농약을 치는데 자기만 안 친다고 한들 그게 진짜 유기농인지 싶다는 것이다.

결국 농민들이 석유 없이 기꺼이 농사를 지을 수 있으려면, 소비자들의 도움이 절실히 필요하다. 더 건강하면서도 지구 환경에 영향을 덜 주는 농산물을 선택하는 사람들이 많아질 때 농업의 생태계도 자연스럽게 변화하게 될 것이기 때문이다.

화석연료가 없다면 우리는 풍요롭지 못할 것인가

정치학자인 더글러스 러미스는 그의 유명한 저서 『경제성장이 안 되면 우리는 풍요롭지 못할 것인가』를 통해 오늘날 우리가 절대적 가치로 '경제성장'을 주장하면서 인간의 본성을 잃고 있음을 이야 기한다. 오늘날 우리에게 경제성장은 여전히 중요한 명제이다. 매년 나라의 경제성장률을 목표로 제시하고 그 목표가 달성되지 못하면 당장 큰일이 날 것처럼 호들갑을 떤다. 그런데 경제성장은 결국 '산업의 발전'을 말하는 것이고, 앞서 말한 대로 우리나라뿐 아니라 대부분의 산업화된 국가가 여전히 대부분 화석연료에 의존하고 있는 것이 현실이다.

여기서 더글러스의 책 제목을 "화석연료를 사용하지 않는다면 우리는 풍요롭지 못할 것인가"로 바꿔볼 수 있겠다. 석유, 석탄을 사용하지 않는다면 지금 당장 풍요는 둘째요 아마 전세계가 마비될 것이다. 화석연료는 유한한 자원이므로 당연히 고갈될 것이다. 그러니 화석연료로부터 자유로운 길을 찾아봐야 한다. 똑같은 문제를 19세기 선진국들도 고민했었다. 그 당시의 해결책은 식민지였다. 식민지를 통한 자원의 확보만이 유일한 해결책이었고 이를 위해 전쟁도 불사했던 것이다. 하지만 지금은 시대가 다르다. 표면으로 드러나지 않는 소위 '자원전쟁', '석유전쟁'이 벌어지고 있는 것도 사실이지만, 전쟁이나 식민지를 통한 자원 확보를 전면에 내세우는 나라는 없다.

사실 이 문제에 대한 답이 더글러스의 책에 있다. 성장의 프레임을 바꾸는 것, 경제성장이라는 절대적 명제를 버리는 것이다. 『성장의 한계』가 발표된 지 40년이 지났다. 우리는 석탄과 석유의 고갈을 걱정하면서도 여전히 사용량을 줄이지 못한 채 화석연료에 의존하는 삶에서 빠져나오지 못하고 있다. 석유의 생산정점인 피크오일Peak Oil이 이미 지났다는 이야기들이 돌고 있는 지금 우리는 진지하게 질문을 던져봐야 한다. 석탄, 석유가 없는 삶을 준비하고 있는가?

착한 에너지로 변화될 세상

화석연료로부터의 독립, 원자력 위험에서의 탈출은 그렇다면 가능한 이야기일까? 석유 없이 농사를 짓는다는 것이 실로 가능한 일일까? 착한 에너지로의 전환을 통해 이것은 충분히 가능하다. 무엇보다 지금의 화석연료와 원자력을 기반으로 하는 중앙집중식 에너지 시스템을 중소 규모의 재생가능에너지를 기반으로 한 분산형 시스템으로 전환하는 것이 시급하다.

우리나라는 한국전력이라는 공기업을 통해 전국이 같은 가격으로 전력을 공급받는 시스템이다. 생산을 하는 곳은 동해안과 남해안에 집중되어 있고, 가져다 쓰는 곳은 서울과 수도권을 중심으로 한 대도시들이다. 이는 많은 송배전망을 필요로 하고 이 과정에서 많은 에너지가 손실되는 매우 비효율적인 방식이다. 또한 에너지를 쓰는 도시 사람들을 위해 발전소 지역 주민들은 끊임없이 환경 파괴와 오염을 그대로 떠안아야 하는 정의롭지 못한 에너지 공급 방식이다.

하지만 이것을 풍력, 태양광, 바이오에너지 등 다양한 재생가능에너지를 통해 나누어 공급하면 에너지원의 선택이나 사용에 있어서 민주성을 어느 정도 담보할 수 있다. 또한 친환경적이며 효율적으로 관리가 가능하다. 현재 외국에서도 많이 실행되고 있는, 시민이 기금을 모아 재생가능에너지 발전소를 세우는 '시민발전'이나 최근 만들어진 서울시민햇빛발전협동조합 등은 이러한 분산형 소규모 재생가능에너지 발전의 시도라는 의미를 가진다고 할 수 있다.

농업에서도 화석연료로부터의 독립을 위한 시도가 다양하게 이루어지고 있다. 부안 주산면의 경우 벼와 유채를 이모작이 가능하도록 하여, 기름을 짜고 남은 유채씨 찌꺼기를 화학비료 대신 넣고, 유채로 만든 바이오디젤유를 콤바인과 트랙터에 넣어 사용하는 '석유 없이 농사짓기'를 시도하고 있다. 충북 괴산에 있는, 유기농업으로 먹을거리를 생산·가공하는 공동체인 솔뫼농장은 비영리생활협동조합인 한살림과 마음을 모아 공장 지붕에 시민햇빛발전소를 세웠다. 이 외에도 바이오연료 잠재 발생량이 많은 것으로 추정되는 볏짚, 왕겨, 고춧대, 줄기, 깍지, 과일나무 가지 등 상당한 양의 다양한 농업부산물들이 발생한다는 점에서 농업은 대체 에너지원의 중심이 될 수도 있다.

인류의 발전과 안녕을 지켜주었던 화석연료와 원자력으로부터 벗어나는 것이 쉬운 일은 아니다. 그러나 당면한 기후변화와 자원고갈, 환경위기를 고려할 때 시급하게 풀어야만 하는 숙제이다. 우리는 이제 막다른 길에 서 있다. 어렵고 힘들고 두렵더라고 우리는 가지 않은 길이 아닌, 아직 가보지 못한 길을 가기 위한 노력을 해야 한다. 착한 에너지로의 전환은 헛된 공약이나 꿈으로 남아서는 안 된다. 화석연료와 원자력 중독에서 깨어날 때 우리는 진정한 지속가능한 세계, 파괴되지 않는 지구, 아파하지 않는 인류, 평등한 세대의 권리를 찾을 수 있을 것이다.

2장

기후변화와 농업·먹을거리

기후변화가 만들어낸 식량위기,
그 처절한 현실

지난 2007년과 2008년은 인류 역사상 가장 처절했던 해 중 하나로 기억하게 될지도 모른다. 2007년 아프리카 부르키나파소, 카메룬, 세네갈, 모리타니, 코트디부아르, 이집트, 모로코 등 수많은 국가에서 동시다발적으로 폭동이 일어났고, 2008년에는 볼리비아, 예멘, 우즈베키스탄, 방글라데시, 파키스탄, 스리랑카 등 남미와 아시아에서 유사한 폭동이 연이었다. 모두 식량가격이 폭등했기 때문에 벌어진 일이었다.

특히 2007년 12월 멕시코에서 7만 명의 성난 군중이 수도에 운집하여 격렬한 시위를 벌인 일명 '토르티야 시위'를 통해 식량위기에 대한 불안은 정점에 달했다. 우리나라의 쌀밥에 해당하는 멕시코의 주식은 '토르티야'인데, 그 주원료인 옥수수의 가격이 몇 년 사이 80퍼센트나 오르면서 수급 불안정을 넘어 생활 자체가 유지되기 힘든 실정이 되었기 때문이다. 펠리페 칼데론 멕시코 대통령이 경제계 대표들과 긴급회동을 가진 후 150개 식품 품목에 대한 가격 동결을 결정하고 나서야 가까스로 성난 민심이 잦아들기 시작했다.

그러나 유엔식량농업기구^{FAO}가 매년 발표하고 있는 식량가격지수는 2008년의 식량폭동이 서막에 불과하다는 것을 여실히 보여주고 있다. 2002년에서 2004년 사이의 식량가격지수를 100으로 가정했을 때 2012년 현재 식량가격지수는 194.8로 두 배 가까이 뛰어올랐다. 이는 2007년과 2008년의 지수였던 139.6과 164.6보다도 훨씬 높은 것이다. 심지어는 2008년 전세계 경제위기 때 잠깐 낮아졌던 지수가 계속되는 경제위기에도 불구하고 1년 만에 원상회복된 것은 물론, 더 빠른 속도로 증가하고 있다. 이는 경제위기와는 별도로 식량가격은 천정부지로 치솟을 가능성이 높다는 것을 의미한다.

이처럼 식량가격이 급격하게 뛰는 이유로는 크게 세 가지가 꼽히고 있다. 첫 번째는 소비량의 증가다. 지구 인구의 증가는 물론이고 특히 중국, 인도와 같이 경제가 고성장하고 있는 국가들의 식습관이 변화하면서 식량 수요가 늘어 가격이 상승하고 있는 것이다. 육류제품과 유제품 수요 급증이 여기에 해당한다.

두 번째는 바이오연료와의 경쟁 관계가 형성됐기 때문이다. 선진국들은 코앞으로 다가온 석유 고갈과 수송 분야 온실가스를 줄이기 위해 옥수수, 사탕수수 등 식량을 연료화하고 있다. 바이오에탄올과 바이오디젤이 그것인데, 식량을 연료화하면서 엄청나게 많은 수요가 발생하고 있다. 특히 바이오연료에는 각국이 보조금까지 주고 있는 상황이어서 당분간 식량을 연료화하는 추세가 계속될 것으로 보인다.

세 번째는 이상기후에 의한 것이다. 극단적인 가뭄과 홍수로 인해 작물이 훼손되고 경작지가 줄어들고 있다. 2010년 국제 밀 가격이 크게 상승한 이유가 바로 기후변화 때문이었다. 밀 생산 1위 국가인 중국이 계속되는 가뭄과 홍수로 밀 생산량이 크게 줄어들자 수출량을 줄였고, 또 다른 수출대국 러시아는 극단적인 가뭄의 영향으로 아예 수출을 전면 중단했다. 이에 따라 2008년 밀 가격은 거의 공황상태에 가까운 변동폭을 나타냈다. 쌀 역시 마찬가지여서, 2008년에 쌀 생산 세계 2위 국가인 베트남이 이상기후에 의한 쌀 생산량 저하를 이유로 수출량을 10퍼센트 이상 줄였다. 그리고 2위 국가인 인도는 쌀 생산량이 부족해 오히려 대체 작물인 밀을 수입하는 처지에 이르렀다.

그렇다면 앞으로 식량 문제는 어디로 흘러갈 것인가? 결론부터 말하자면 매우 암울하다. 기온이 점점 상승하면 영구동토가 녹으면서 약간의 경작지가 늘어날 가능성이 있지만 인류의 곡창지대인 열대지방에서 생산량이 감소하면서 전체적으로 생산량이 크게 감소할 것이라는 게 대다수의 예상이다. 국제쌀연구소IRRI는 온도가 1℃

상승하면 쌀 수량이 10퍼센트 감소할 것으로 보고 있는데, 현재 21세기 최대 6.4℃가 상승할 것으로 예상되니 단순 환산해도 쌀 생산량이 64퍼센트나 줄어든다는 의미다. 또 환경적응력이 강한 해충이 창궐하면서 작물 피해가 심각해질 전망이다. 토양 침식이 증가하면서 재배 면적이 감소하고, 온도가 크게 오르면 가축 폐사가 증가해 육류와 유제품 역시 큰 타격을 받을 수 있다.

이런 일련의 전망들은 기후변화와 식량 사이의 견고한 유착 관계를 증빙하는 서류와도 같다. 기후변화의 가장 치명적인 영향이 식량 문제이고, 식량가격이나 공급 부족에 의한 문제에 접근하려면 장기적으로 온실가스 감축이 선결되어야 하는 이유가 여기에 있다. 특히 개발도상국들은 기후변화에 적응할 수 있는 능력이 취약하고 그 중에서도 영세한 농민들은 사실상 자연재해에 대처할 수 있는 능력이 전무해서 생계형 농업마저도 위협받고 있다는 것을 잊어서는 안 된다.

1990년부터 2002년까지 사하라사막 이남 지역에서 하루 1달러 이하로 살아가는 인구가 1억 4천만 명 증가했다. 주된 원인은 인구 증가이겠지만 낮은 토지의 질과 가뭄으로 인한 수자원 부족, 빠른 사막화가 이를 거들고 있다. 영국 정부의 보고서에 따르면, 각종 농업기술의 발달에도 불구하고 기후변화 등으로 2080년까지 현재 10억 명 수준인 기아 인구가 60퍼센트 가량 증가할 것이라고 한다.

또 다른 식량난의 원인인 바이오연료 문제는 더 심각하다. 유엔

식량농업기구는 2020년 바이오연료의 생산량이 2천억 리터에 이를 것으로 보고 있는데 이는 2005년에 비해 세 배 이상 증가한 수치다. 혹자는 원료로 식량이 아닌 대체 작물을 활용할 수 있기 때문에 문제가 잦아들 것이라고 얘기하지만 미안하게도 각국 정책을 분석한 식량농업기구는 2020년 에탄올 생산원료 중 잡곡과 사탕수수의 비중은 각각 44퍼센트와 36퍼센트를 차지해 5분의 4가 식용원료일 것으로 보고 있다. 여전히 대량 생산이 가능한 식량이 훨씬 싸게 먹히기 때문이다. 바이오연료는 식량가격의 폭등으로 인플레이션이 발생하는 '애그플레이션' agflation 현상의 주원인이 될 가능성이 높아진 것이다. 이 때문에 선진국에서는 왕왕 옥수수나 사탕수수와 같은 작물을 식량으로 할 것인지 자동차연료로 활용할 것인지를 논쟁하는 어처구니없는 상황까지 벌어지고 있다. 물론 그런 논쟁과는 상관없이 바이오연료를 경작하는 지역은 대부분 동남아시아, 아프리카, 남미 등 저소득 국가에 집중되어 있다. 기후변화와 바이오연료가 그들에게서 농토와 식량을 앗아가고 있는 셈이다.

전지구적인 식량폭동이 한창이던 2008년 11월, 『타임』지는 한 가지 흥미로운 소식을 전했다. 한국의 대우로지스틱스가 아프리카 남부 인도양에 위치한 최빈국 마다가스카르의 '농지' farmland를 99년간 임차했다는 것이다. 그 면적이 320만 에이커(12,950제곱킬로미터)에 달하는데, 서울 전체 면적의 21배가 넘는 어마어마한 크기다. 이 중 절반은 바이오디젤을 만드는 오일팜을 심을 계획이고, 나머지

절반의 땅엔 한국의 식량안보를 위해 옥수수를 식재할 계획이다.

1898년 중국 땅이었던 홍콩을 99년간 임차하는 협정을 맺었던 당시 영국을 우리는 무엇이라고 기억하는가. 바로 '제국주의'다.

기후변화와 농업 사이의
복잡한 관계

흔히 농업은 기후변화의 최대 피해자 중 하나로 인식되고 있다. 맞는 말이다. 농업은 농경지 축소, 수자원 부족, 기후변화에 취약한 대응력 등으로 인해 막대한 피해를 입을 것이 분명한 상황이다. 하지만 문제는 그렇게 단순하지 않다. 농업은 다른 분야와 달리 기후변화의 가해자, 피해자, 해결자 요소를 동시에 지니고 있는 복합적인 분야다. 농업 분야는 전체 온실가스 배출량의 13.5퍼센트를 배출하고 있고, 농산기업 중심의 관행농 증가로 인해 연료 연소에 의한 이산화탄소 배출량까지 증가하면서 안정화된 기후의 위협요인이 되고 있기도 하다. 가해자로서의 면모다.

반면에 농업 분야는 기후변화에 가장 취약한 분야로, 지금 대응이 이루어지지 않을 경우 국내에서만 2100년까지 700조 원의 피해 비용이 발생할 것으로 예상된다. 1℃ 증가할 때 벼 생산량이 15만 2천 톤이 감소해 2100년까지 총 60만 8천 톤이 감소할 것으로 예상되고, 보리 생산량도 단위면적당 19~20퍼센트까지 줄어들 것으로 보고 있다. 또한 기온 상승으로 재배 작물의 변화가 이루어질 수밖에 없는데, 현재 제주도에서는 망고, 파파야 등 열대작물의 실험재배가 이루어지고 있는 실정이다. 잘 알려진 피해자로서의 면모다.

한편, 농업은 산림과 마찬가지로 이산화탄소를 흡수해 토양에 고정시키는 역할을 하고, 지표면의 온도 조절, 수원 함양 기능 등을

농업이 기후변화 시스템에 미치는 영향

통해 기후변화의 해결자 역할도 수행하고 있다. 소농과 협동조합 방식으로의 농업의 전환은 배출하는 온실가스 양보다 흡수하거나 절감하는 온실가스 양을 늘려 해결책으로 기능할 수도 있다.

따라서 농업이 어떤 피해를 입게 될 것인지를 떠나 기후변화에 어떻게 원인을 제공했는지, 그 원인은 무엇인지, 그 원인을 어떻게 바꾸면 좋을지를 알아보는 것이 필요하다. 이는 농업을 단순히 결과론적 시각에서 보는 것을 넘어, 현재 농업의 구조적인 요소를 이해하는 데에 도움을 줄 것이다.

관행화된 농업과 지구의 미래에 대한 위협

세계자원연구소 연구에 따르면 농업 및 농업과 관련된 분야의 온실가스 배출량은 대략 전체 배출량의 3분의 1 정도를 차지하고 있다. 부문별로 보면 토지이용변화 분야(벌목, 조림 및 재조림, 임산물 수확 및 관리)가 18.2퍼센트를 차지하고 있고, 농업토양, 가축 및 비료, 쌀 경작, 기타 농업과 농업 분야 에너지 이용이 전체 온실가스 배출량의 13.5퍼센트에 이른다.

또한 농업과 토지이용변화 분야에서 배출되는 온실가스의 종류를 살펴보면, 토지이용변화 분야와 식품생산 및 담배제조 분야, 그리고 농업 분야의 에너지 이용 분야는 이산화탄소를 배출하고, 농업 분야의 농업토양 분야가 아산화질소를 배출하며, 축산 및 비

농업 분야 온실가스 배출량 현황 (단위: 백만CO₂톤)

구 분	장내 발효	분뇨 분해	벼논 경작	농업용 토양	기 타	소 계
1990	3	1.8	8.6	0	0	13.5
1995	4.2	2.5	7.2	2.9	0	16.8
2000	3.2	2.3	7.3	4.2	0	17
2005	3.3	2.4	6.8	3.6	0	16.1
2006	3.5	2.6	6.7	2.3	0	15.1

출처: 농림수산식품부(2011)

료 등 나머지는 메탄을 배출하는 것으로 나타났다.

한국의 경우 농업 분야 온실가스 배출량이 1990년도 1,350만 톤에서 1995년에 1,680만 톤, 2000년에는 1,700만 톤으로 계속 증가했다. 이후 농업의 위축 등으로 인해 조금씩 감소하여 2005년에는 1,610만 톤을 배출한 것으로 추정하고 있다. 하지만 줄어드는 추세는 크지 않거나 연도별로 다시 증가하는 등 어려운 상황이다.

2008년 전체 온실가스 배출량에서 농업 부문이 차지하는 비중은 2.9퍼센트이고, 이 중 메탄이 60.8퍼센트를 차지하고 있다. 아산화질소는 39.2퍼센트를 차지하는 것으로 추정하고 있는데, 특히 농경지에서 발생하는 비중은 65.4퍼센트에 이르고 있어 시급한 대책이 필요하다.

경종 부문이 소비한 에너지는 총 101만 톤이고, 축산 부문은 81만 6천 톤의 에너지를 소비했다. 화석연료인 경유 소비는 경작 부문과 축산 부문에서 각각 49만7천 톤, 32만 9천 톤에 이른다.

한편, 농업 부문 총 에너지 소비액에 대한 경작과 축산 부문의 소비 비중은 각각 53.5퍼센트와 46.5퍼센트로 나타났다. 하지만 산출액 기준으로는 축산 부문의 에너지 소비량이 경작 부문보다 높은데, 실제 경작 부문 에너지 소비 금액이 2.2퍼센트에 불과한 반면, 축산 부문은 4.3퍼센트로 훨씬 높은 편이다.

온실가스 배출량은 절반 이상이 경유 사용에 따른 것이고 그 다음이 연탄 소비에 기인한다. 작목별로는 채소 부문의 이산화탄소 배출량이 가장 많고, 그 다음이 벼 생산 부문이다. 채소의 경우 시설재배를 하면서 난방을 위해 에너지를 투입하기 때문이고, 벼의 경우 생산 전 과정에 걸쳐 농기계 사용도가 높기 때문이다. 축산과 관련해서는 한우와 육우, 낙농의 이산화탄소 배출량이 높다. 한육우 산업과 낙농업의 경우 타 축산 부문보다 휘발유와 경유의 투입량이 높다.

한편, 논벼 경작시에는 산소가 없는 담수 상태의 토양의 특성이 문제가 되고 있고, 축산 부문은 장내 발효, 분뇨 분해 과정 등에서 발생하는 메탄이 가장 큰 온실가스 배출 요인이다. 또한 질소비료 사용도 문제가 되고 있어, 질소비료를 많이 쓰는 경우 관행농과 유기농 모두 문제가 될 수 있다는 점에 주목해야 한다.

식량위기 메커니즘과 기후변화

현 지구상의 식량위기는 크게 수요 요인, 공급 요인, 거시 요인으로
나눠볼 수 있다. 수요 요인으로는 인구와 육류 소비 증가, 식량의
연료 전환 등을 꼽을 수 있다. 기후변화, 식량 재배 면적 감소, 식량
민족주의 등은 공급을 불안정하게 하는 요인이 된다. 또한 전세계
적인 경제위기 역시 장기적으로는 식량 생산 기반에 대한 지원이
줄어들게 하여 위기를 조장할 수 있는 요인이 될 수 있다.

이 가운데 장기적으로 식량위기의 가장 큰 요인은 수요 요인을
꼽고 있는데, 개발도상국들의 경제가 발전함에 따라 이미 주식이
잡곡에서 쌀, 밀가루, 육류 등 주요 곡물과 육식으로 변하고 있는
것이 원인이다. 또한 바이오연료용 곡물 수요가 증가하는 것도 큰
문젯거리로 등장했다. 하지만 무엇보다 기후변화라는 변수가 식량
위기의 핵심 화두로 떠오르고 있다.

몇 년 전 세계 각국은 식량위기가 심각해지자 IAASTD(발전을
위한 농업지식, 과학, 기술에 대한 국제평가)*라는 국제협력프로그램을
통해 현대 식량위기에 대한 진단과 평가를 시도했다. 프로그램에
참여한 전문가들은 현대 농업이 농업기술 발달로 인해 식량 생산
증가 속도가 상당히 빠른 편이지만 이에 대한 혜택은 고르게 분배

되고 있지 않다고 지적했다. 특히 소농, 노동자, 농촌 공동체 및 환경이 점차 높아져가는 식량가격을 지불하고 있다는 점이 식량위기의 가장 큰 사례라는 점을 강조했다. 전문가 보고서에 따르면 8억 5천만 명이 넘는 인구가 충분한 식량을 공급받고 있지 못하며, 바이오연료 생산 및 인구 증가 탓에 식량가격이 불안정해졌음을 밝히고 있다. 이와 관련해 IAASTD가 식량위기와 연관하여 주요하게 주목하고 있는 요소는 바이오에너지, 생명공학, 기후변화, 건강, 자연자원 관리, 무역과 시장, 전통적인 지역 지식과 지역사회 기반 혁신, 농업과 여성 등 여덟 가지이다.

이러한 식량위기의 복합적인 요인은 기후변화로 인한 농업의 위기와도 맞닿아 있다. 그간 농업 분야는 농산기업 중심의 관행농법의 만연, 신자유주의 무역 방식의 대두 등으로 인해 위기의 토대가 구축되었다. 농산기업 중심의 관행농법은 식량 생산량 증대를 위해 농약의 사용, 기계화, GM작물 생산방식을 등장시켰지만 이는 오히려 토양건강성과 식품안전성을 악화시키고, 농업이 온실가스 배출의 주요 원인이 되는 기반을 닦았다. 여기에 기후변화로 인한

●　　International Assessment of Agricultural Knowledge, Science and Technology for Development. 2002년 세계은행의 제안으로 구성된 국제협력프로그램이다. 농업지식과 농업 과학기술이 발전과 지속가능성 목표를 달성해왔는지를 평가하고 향후 과제들을 제시하는 것이 주요 목표이다. NGO를 비롯하여 생산자와 소비자 단체, FAO 등과 같은 국제기구의 관계자들이 참여한다. 2008년에 발표된 보고서는 정부 참여 프로그램임에도 불구하고 매우 진보적인 평가와 결과들이 제시되어 주목을 받았다.

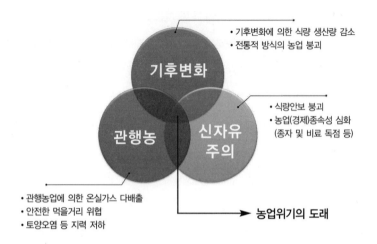

농업의 삼중고

기후변화

- 기후변화에 의한 식량 생산량 감소
- 전통적 방식의 농업 붕괴

관행농

신자유
주의

- 식량안보 붕괴
- 농업(경제)종속성 심화
  (종자 및 비료 독점 등)

- 관행농업에 의한 온실가스 다배출
- 안전한 먹을거리 위협
- 토양오염 등 지력 저하

농업위기의 도래

농업 피해까지 가중되면서 농업과 식량체계에 본격적인 위기가 대두되기 시작한 것이다.

신자유주의적 경제체제 역시 식량위기의 주요 원인을 제공하고 있는데, 1980년대 이후 진행된 농산물 수입자유화 및 세계 식품체제의 구조 변동은 전세계적인 위기를 양산하기 시작했다. 세계화에 따라 미국 헤게모니에 의해 조절되던 제2차 식품체제(정부의 관리·조절 능력과 포드주의fordism에 기반한 대량 생산체제)에 서서히 균열이 생기기 시작했고, 이에 따라 초국적 농식품기업들이 농산물 시장을 지배하게 되었다. 결과적으로 농식품의 장거리 공간 이동, 지역 농업의 파괴, 먹을거리 위험이 심화되었다. 그 결과 농민 경제는 황폐해지고, 소비자들의 건강은 심각한 위험에 빠지게 되었다.

애그플레이션이 인류의 미래를 지운다

2007년 이후에 전세계적으로 기후변화로 인한 식량 생산량 및 공급량 감소, 주요 식량수출국의 식량민족주의 확산, 바이오연료의 생산 증가로 식량·사료용 곡물의 공급이 감소하면서 급격한 식량위기가 초래되기 시작했다. 2007년 1월부터 2008년 1월까지 1년 새 대두는 95.8퍼센트, 밀 79.9퍼센트, 옥수수는 25퍼센트 정도 수요가 상승했다.

2011년 유엔식량농업기구의 식품가격지수는 2008년의 200포인트보다 훨씬 높은 225~238포인트를 기록하고 있다(2002~2004년의 평균값을 100이라고 가정). 근년에는 식량가격이 폭등하는 '애그플레이션' 현상이 나타나면서, 세계 여러 나라에서 식량부족으로 인한 폭동까지 일어나는 상황이 벌어졌다. 2007년 3월부터 2008년 3월까지 1년간 세계 식량가격이 폭등한 상황을 살펴보면, 밀은 130퍼센트, 콩은 87퍼센트, 쌀은 74퍼센트, 그리고 옥수수는 30퍼센트가 오른 것으로 보고되고 있다. 또한 2011년 역시 식량가격은 2008년에 기록한 사상 최고 수준에 근접했는데, 세계은행에 따르면 2011년 2/4분기에 세계 식량가격지수가 1년 전보다 33퍼센트 상승했고, 옥수수 가격은 84퍼센트, 설탕은 62퍼센트, 밀은 55퍼센트, 콩기름은 47퍼센트 상승한 것으로 나타났다.

최근에는 기후변화가 심화되고 전세계적 금융위기가 다시 불거지면서 투기 수요가 식량·자원 시장에 몰리는 등 식량위기가 재현될 조짐을 보이고 있다. 이에 식량농업기구 등은 개발도상국 식량체계 안정화 및 농업에 대한 지원이 없을 경우 아프리카, 남미, 남아시아 등지의 36개 빈곤국에서 시위와 폭동이 발생했던 2008년의 식량소요사태가 다시 발생할 것이라고 경고한 바 있다. 특히 카길사를 비롯한 세계 5대 농산기업은 80퍼센트를 넘는 과점 상태를 구축했고, 종자산업은 10대 메이저 기업의 시장지배율이 2004년 49.4퍼센트에서 2010년 70퍼센트에 육박하고 있다. 독과점 체제로 인해 시장 가격의 상승 및 농민들의 경제종속성이 심화되고, 기후변화에 따른 농업 분야의 기민한 대응이 저해되는 요소가 되고 있다.

우리나라 역시 식량위기에 매우 취약한 모습을 보이고 있다. 최근 기후변화에 따른 폭우와 폭염 등 이상 기상으로 채소류의 수급 불균형이 발생하여 단기간의 가격급등 현상이 반복되고 있고, 이상 기상이 빈발함에 따라 향후 농산물 가격의 불안정이 심화될 것으로 전망되고 있다. 이상 기상에 따른 작황 부진으로 2010년 8월 배추 가격은 6,800원(10킬로그램 상품 기준) 수준이었으나, 2010년 9월에 17,800원 수준으로 약 2.6배 급등하였다. 또한 2011년 7월 초에는 3,300원 수준이었으나, 7월 하순경에는 8,000원 수준으로 약 2.4배 급등한 것으로 나타났다.

V 식량위기에 따른 민중 소요 사례

아프리카

- 2008년 2월, 카메룬에서는 물가 폭등에 항의하는 시민들의 소요사태로 40여 명이 사망했다. 코트디부아르와 모리타니 등에서도 폭력사태로 인명 피해가 발생했다. 세네갈과 부르키나파소에서도 물가 인상에 항의하는 격렬한 시위가 빈발했다.
- 2008년 4월, 이집트에서는 식량가격 인상 반대 및 임금 인상을 요구하는 폭동과 총파업이 일어나 경찰과의 충돌 과정에서 두 명이 사망하는 사건이 발생했다.

남미

- 2008년 3월, 아르헨티나 정부가 국제 농산물 가격이 치솟자 수출세를 인상해 농산물의 국외 반출을 막아 국내 물가를 잡고 세수도 늘리겠다는 의도로 세수 개혁을 단행했지만, 농민들은 이에 격렬하게 항의하며 수천 명의 농민들이 고속도로 150여 곳을 막고 시위를 진행했다.

북중미

- 2007년, 옥수수 최대 생산국인 미국 내 에탄올 소비가 늘어나면서 옥수수 가격이 두 배 가까이 인상됐다. 멕시코에서 옥수수로 만든 전병인 '토르티야' 가격이 급등하자 전국민적인 시위가 발생했고, 결국 멕시코 정부가 가격 상한선까지 설정했다.

아시아

- 2008년 1월, 국제 콩 가격이 최고치를 기록하자 인도네시아 식품회사들이 공장 가동을 중지하여 노동자들의 항의시위가 발생했다.

더 이상
일굴 수 없는 땅들

생명의 땅이 줄어든다, 이내 사라진다

기후변화로 인한 기온 상승, 극단적인 기상현상, 해수면 상승 등은 농업에 부정적인 영향을 미쳐서 식량 생산도 감소할 것이라고 전망되고 있다. 그러나 지역에 따라서는 추위가 약화되고 기온이 상승함에 따라서 경작가능 지역과 기간이 증가하여 농업 생산이 일부 증가하는 경우도 있을 것으로 평가되고 있다. 기후변화에 따른 적응능력이 부족한 국가들의 경우 농업생산성의 변화에 대처하지 못해서 중대한 식량위기에 직면할 것으로 예상되고 있다.

농업 생태계에의 영향은 온실가스 농도 상승의 직접적 영향과 기후변화를 통한 간접적 영향으로 나누어진다. 직접적 영향은 작물 등의 광합성과 증산활동에 대한 영향이고, 간접적 영향은 온난화에 따른 기후변화(온도·수문 상태 변화, 해수위 상승 등)에 의한 영향이다. 온실가스 농도 상승은 식물의 건물생산력 확대와 물 이용 효율 향상, 공생미생물 활동력 증대, 생육가능기간 신장, 생육가능지대 확대, 지온·수온 상승, 적설기간 단축, 증발량 증대, 강수기간 이동, 토양수분 부족 격심화, 농업대 이동 유발, 잡초·병원생물 활발화, 해충 다발화, 지력 악화 촉진, 농업 자재효과 저하 촉진, 해안침식 격심화 등에 영향을 줄 수 있다. 축산 부문에서는 수정과 산란 등 생물적 변화와 목초 생산에 영향을 미칠 것으로 평가받고 있다.

기후변화가 수문 부분에 미치는 영향으로는 강수량, 증발, 토양수분 등이며 이로 인해 지하수 수위와 수온, 하천 유량, 호소 수질 등에 변화가 일어난다. 종합적으로 기후변화는 농업생산성과 농가수익 및 자산가치 등 농업시스템을 변화시키며 농업 용수원의 변화 등으로 농업 기반시설에도 영향을 미치는 것으로 예상된다. 좋은 영향도 발생할 수 있지만 대부분은 악영향이 나타날 것으로 보이며, 이는 농업 분야가 기후변화의 최대 피해자가 될 수도 있다는 것

2020년대 (1℃ 상승)	2050년대 (2~3℃ 상승)	2080년대 (3℃ 이상 상승)
• 대체로 전지구적 농작물 수확잠재력 증가 • 1천만~3천만 명의 기근 위협		• 저위도 지역의 적응잠재력 증가 • 중·고위도 지역의 수확량 감소 • 3천만~12천만 명의 기근 위협

출처: 농림수산식품부(2011)

을 의미한다.

한반도, 빼앗긴 들에도 봄은 오는가

우리나라는 농업시스템이 이미 붕괴되다시피 한 제3세계보다는 여건이 낫지만, 농업에 대한 무관심과 적은 지원, 큰 변화폭 전망 등으로 인해 심각한 피해를 입을 것으로 보고 있다.

　온난화에 따른 기온 상승은 새로운 병해충을 발생시키며 이로 인해 농작물 피해가 증가하고 있다. 특히 갈색여치에 의한 사과·복숭아·포도·콩 등의 피해가 증가하는 것으로 보고되고 있다. 갈색여치는 2001년 충북 충주와 단양에서 첫 피해 사례가 발생하였고, 2006년부터 충북 영동을 중심으로 옥천·청원·보은 지역의 야산에 인접한 복숭아, 포도 등의 과수원에서 대규모 피해 사례가 발생하여 피해 면적은 약 20헥타르에 달하며, 2007년에는 충북지역 전역에서 약 30헥타르의 피해가 발생한 것으로 조사되고 있다. 새로운 병해충 발생으로 농작물 피해가 증가하고 있는데, 벼농사의 경우 무늬잎마름병의 피해 지역이 북상하고 확대됨에 따라 피해 면적은 경기·충남·전남북·경남 등 전국적으로 14,137헥타르에 달한다. 동절기 온도 상승에 따른 월동 애멸구 밀도 증가를 하나의 원인으로 추정하고 있다.

　과수 농가 역시 기후변화에 따른 병해충 문제에서 자유롭지 못하다. 실례로 대만·베트남·일본·인도 등 아시아 일대에서 서식하고 있는 주홍날개꽃매미에 의해 포도·복숭아·사과 등에서 피해가 확산되고 있다. 주홍날개꽃매미 피해 실태를 보면, 1979년 최초로 발견된 이후 피해 사례에 대한 보고가 없었으나, 2007년 충남 연기군 포도과수원에 피해가 발생한 것으로 나타났다. 이후 2008년 경기 고양, 경북 영천, 충북 청주, 충남 천안·아산·연기, 전북 정읍 등의 포도과수원 91헥타르에 피해를 입었고, 9월 초순에는 우리나라 전역에서 포도와 배, 사과, 복숭아 등의 과수원 42헥타르 면적에서 피해를 입은 것으로 조사되었다

축산 부문의 경우 고온과 황사로 가축생산성 저하 및 호흡기질환이 증가하고 있다. 축산산업은 기온 상승으로 인한 고온 스트레스로 우유 생산 및 번식이 저하되는 것으로 나타난다. 또한 양돈에서도 28℃에서 32℃로 기온이 상승하는 경우 체중이 13.3퍼센트 감소하고 자돈 폐사율도 약 58퍼센트 증가하는 것으로 조사된 바 있다. 벼는 여름작물로 기온이 상승하면 재배가능 지역이 확대되며, 품종과 재배양식도 기후 적응을 위해 변화하게 된다. 우리나라의 과거 기상자료에 따르면 1970년대 적정 출수기는 8월 15일 전후였으나, 2000년대에는 8월 21일로 적정 출수기가 약 일주일 늦춰진 것으로 나타났다. 벼 등숙기 평균기온이 21~23℃로 유지되어야 고품질 쌀 생산에 유리한데 이 온도를 초과하면 등숙이 충실하지 못해 벼알 무게가 가벼워지고 심복백 비율과 단백질 함량이 증가하여

미질이 저하된다. 향후에는 벼생산성이 저하될 것으로 예상되고 있는데, 온도가 평년보다 2~5℃ 상승하는 경우 전국적인 평균 벼 수량은 평년 대비 각각 4~15퍼센트 감소하는 것으로 전망되고 있다.

과수 및 농작물 재배 적지도 지속적으로 북상 중이고, 특히 지역 특산물의 경우 이동이 심각한 수준으로 이루어졌다. 맥류는 재배 기간의 혹한 피해를 피하여 재배 적지를 선정해왔으나 현재는 동해안의 동해와 영덕을 기점으로 남해안의 사천·보성을 거쳐 서해안의 영광·군산까지 보리가 재배되며, 내륙에서는 거의 재배되지 않고 있다. 1987년 이후 2000년까지 혹한기 기온이 1.5~2.5℃ 상승해 가을보리 재배한계선이 북쪽으로 재조정되었다.

온난화가 가속화되면서 사과 주산지는 경북에서 충북으로 점차 북상하고 있다. 월동배추는 전남 해남으로, 겨울감자는 전북 김제까지, 한라봉은 전남 고흥과 경남 거제 등까지 북상하고 있는 실정이다. 제주도에서만 생산되던 원예작물이 남해안 지역으로 북상하여, 바람이 적은 남부지방에서는 참다래 재배가 보편화되고, 제주도에는 아열대과수 재배가 이루어지고 있다.

금세기 말 우리나라의 식량 생산율이 급속히 떨어질 것으로 예상되는데, 국내의 경우 남서해안지대가 20.1퍼센트로 가장 높은 감소율을 보이는 등 전국적으로 평균 벼 생산량이 14.9퍼센트 감소할 것으로 보인다.

석유의
이간질

농산기업 중심의 관행농, 지속가능한가

2012년 5월 저명한 과학논문잡지인 『네이처』*Nature*는 「유기농업은 충분하지 않다」*Organic farming is rarely enough*라는 분석 글을 실었다. 대부분의 조건에서 농산기업 중심의 관행농이 유기농보다 더 많은 수확량을 낸다는 것이 글의 핵심이다. 아마도 더 적은 농지에서 더 많이 생산할 수 있다면 그것이 환경적으로도 더 지속가능한 것이라는 논지임에 분명하다. 하지만 『네이처』는 몇 가지 점을 간과했다.

첫 번째는 단위면적당 생산량이 유기농이 적다고 해도 생산량당 온실가스 배출량은 농산기업 중심의 관행농이 훨씬 높기 때문에 면적당 생산량을 가지고 농산기업 중심의 관행농이 우위라고 주장하는 것은 옳지 못하다는 것이다. 덴마크의 '음식 전과정분

석'Food LCA 자료를 보면 유기농은 농산기업 중심의 관행농보다 같은 곡물을 생산할 때 최고 75퍼센트에서 최저 12퍼센트 정도 온실가스를 줄일 수 있다. 기후변화로 인해 농업이 큰 피해를 입을 것이 확실시되고 있고, 농업 분야 온실가스가 그 중 3분의 1을 차지하고 있다는 것을 감안하면, 단순히 면적당 생산량을 논하는 것은 의미가 없다.

두 번째, 농산기업 중심의 관행농업에 쓰이는 기술의 대부분은 노동력을 절약하도록 설계된 것이지, 토지를 절약하도록 설계되지 않았다. 따라서 대규모 기계화 농법은 농부 1인당 생산량을 향상시켰을지언정, 단위면적당 수확량에는 큰 차이가 없을 수 있다는 것을 염두에 두어야 한다.

세 번째, 높은 생산량이 곧 식량으로 이어진다는 보장이 없다. 미국에서 최근 가장 많이 늘어나는 옥수수 수요처는 바이오연료이고, 예전에는 동물사료였다. 따라서 농산기업 중심의 관행농이 확대된다고 해도 더 비싼 곳에 공급하겠다는 자본주의시스템이 작동하는 이상 식량난은 줄지 않는다. 반면, 유기농 중심의 소농은 먹을거리 생산이 목표이고, 각자 있어야 할 곳에 위치해 있기 때문에 식량난 해결에 직접적인 도움이 된다.

네 번째, 농산기업 중심의 관행농은 기계화된 농법과 대규모 경작을 전제로 하고 있다. 따라서 대규모 산지에서 대규모 수요처로 이동이 불가피한데, 이로 인해 수송과정에서 많은 온실가스를 배출한다. 현재 국제운송을 뜻하는 국제벙커링은 아직 누가 온실가스를 줄일 것인지, 또 무엇을 수송하기 위한 온실가스인지 통계조차도 제대로 잡히지 않고 있다. 이에 대한 명확한 통계 수집이 가능하다면 농산기업 중심의 관행농으로 인한 온실가스 배출량은 더욱 증가할 수밖에 없다.

생산량이 모든 것을 대변하던 시대는 지났다. 우리는 생산량만으로 '녹색혁명'을 운운하며 식량난을 가볍게 여기던 시기를 지나 매우 복잡한 요인을 안고 있는 식량위기 시대를 살고 있다. 때문에 농산기업 중심의 관행농은 지속가능하지 않다.

Ⅴ 푸드마일리지와 식량자급률

푸드마일리지
식품이 생산된 곳에서 소비자의 식탁에 오르기까지의 이동거리 계산을 통해 얼마나 많은 온실가스를 배출하고 있는지를 알 수 있는 개념이다. 영국의 소비자운동가 팀랭이 1994년 처음 사용해 전세계로 확산되었다. 처음에는 단순히 이동하는 거리를 계산하여 지역 먹을거리를 먹어야 한다는 의도로 사용됐지만, 점차 수입농산물에 대한 안전성, 신선도 등 안전한 먹을거리로 관심이 확장되었으며, 현재는 이동 중 온실가스에 대한 관심 등으로 확산되고 있다.

식량자급률
국내의 전체 먹을거리 소비량 중 국내에서 생산한 양이 얼마나 되는지를 비율로 나타낸 것이다. 물량기준(주식용)·칼로리(열량)·금액기준 자급률 등이 있는데, 흔히 식량자급률이라고 하면 물량기준을 나타낸다. 국내 농업 생산의 지속가능성과 국제곡물시장의 변화에 대한 대처능력 등을 아는 데 필수적인 지표이다. 현재 우리나라의 식량자급률은 20퍼센트 수준에 불과하다.

우리나라 주요 식품의 자급률 (2010년 기준, 단위: %)

쌀	채소	과일	돼지고기	유제품	쇠고기	두류	보리	밀
104.6	89.3	81.1	80.9	65.4	43.2	31.7	27.8	1.7

우리나라 식량·곡물의 자급률 추이 (단위: %)

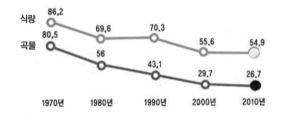

88

그래도
농업이 미래다

농지가 이산화탄소를 흡수한다

토양의 유기탄소는 식물의 광합성작용에 의해 저장된 탄소가 생물
의 잔해(퇴비와 볏짚 등)로 토양에 들어온 후 토양 내에서 분해되는
과정 중에 있는 것을 말한다. 느린 속도로 분해되면서 장기간 토양
속에 존재하며 지표면의 토양탄소 저장과 대기 중 이산화탄소와의
관계를 조절하는 탄소 저장고의 역할을 수행한다.

  농경지 토양은 작물 생산 기능 외에도 탄소의 저장 기능, 유기
물의 분해를 통한 물질순환 기능, 생물다양성 보존 기능 등 환경보
전 측면에서 매우 중요한 역할을 수행한다. 토양의 탄소고정 능력
은 토양 형태, 기후와 작물 종 등에 따라 차이가 있으나 헥타르당
연간 0.1~1.5톤 정도로 큰데, 이를 이산화탄소 단위로 환산하면

0.4~5.5톤의 저장 능력을 가졌다. 퇴비와 녹비작물 등 유기물의
투입량 증가와 무경운과 보전경운 등의 적절한 농지 관리와 시비
관리 등으로 토양 속 탄소를 늘리면 온난화를 완화시킬 수 있다.

이모작의 탄소수지 평가

작부조합		탄소수지		
1모(기)작	2모(기)작	배출량	탄소고정량	흡수량
벼	호밀	11.92	56.05	44.13
	쌀보리	12.16	62.41	50.25
	겉보리	12.16	60.06	47.90
옥수수	호밀	3.96	67.36	63.40
	쌀보리	4.20	73.72	69.52
	겉보리	4.20	71.37	67.17
	무우	12.23	72.52	60.30
	배추	13.41	60.35	46.94
콩	호밀	2.10	49.27	47.17
	쌀보리	2.34	55.63	53.29
	겉보리	2.34	53.28	50.94
고구마	호밀	3.06	37.18	34.12
	쌀보리	3.30	43.54	40.24
	겉보리	3.30	41.19	37.89
	무우	11.33	42.34	31.02

출처: 농림수산식품부(2009)

농지는 온실가스 배출량보다 흡수량이 많은 기후변화 완화의 수단이다. 벼 생산지의 경우 이모작을 해도 토양의 탄소고정 효과에 의해 흡수량이 배출량의 4배 가까이 되고, 옥수수의 경우에는 약 16배, 콩은 23배, 고구마의 경우 31배에 달한다.

최근에는 국제적으로도 기후변화 완화와 관련되어 토양탄소의 축적이 주목을 받고 있다. 일본의 농림수산성은 2009년 11월에 일본 내 농지의 온실가스 완화잠재력은 연간 380만 이산화탄소 톤으로 파악하고 있다(국내의 경우 정확한 통계 자료는 아직 미비). 이는 거름에 의한 재배 면적의 확대 및 퇴비 사용량이 적은 논에서 퇴비 사용량을 증가시키는 활동 등을 실행한 경우의 흡수량을 계산한 것이다. 이를 통해 토양탄소를 증가시키는 농법을 환경보전형 농업 또는 지속적 농업과 양립시키는 것을 강조하고 있다. 즉 유기농의 기후변화 해결자로서의 능력 및 지력 확보 능력을 인정한 것으로 평가받는다.

토양에 의한 온실가스 흡수를 촉진시키기 위해 일본은 2011년도 예산에 '환경보전형 농업 직접 지원대책'으로서 지구온난화 방지 및 생물다양성 보전에 효과가 높은 영업활동에 참여하는 농업에 대해 직접 지원하는 예산을 편성하였다. 그 중에서도 화학비료, 화학합성농약을 원칙적으로 50퍼센트 이상 저감하거나 지구온난화 방지 및 생물다양성 보전에 효과가 높은 농업활동을 하는 경우, 대상 면적에 따른 지원을 실시하고 있다.

농업 관련 국제단체들의 투쟁, 소농과 유기농이 답이다

기후변화에 의한 피해가 커지면서 유엔을 중심으로 한 국제기구와 국제농민단체 등이 기존의 식량위기에 기후변화 요인을 강력하게 추가하는 추세를 보이고 있다. 하지만 그 해결방법은 사뭇 다른데 유엔 기구들이 주로 기존의 농산기업 중심의 관행농을 인정하는 수준에서 다양한 지원프로그램을 제시하는 반면, 비아캄페시나 등 농민단체들은 농산기업 중심의 관행농이 기후변화와 식량위기의 주범이라는 점을 지적하면서 소농과 유기농으로의 근본적인 전환을 요구하고 있다.

유엔식량농업기구는 기후변화가 농업과 식량위기를 심화시키는 가장 위협적인 요소라는 인식하에 기후변화 완화와 적응, 개발도상국 지원 등 다양한 프로그램을 진행하고 있다. 대륙별, 국가별로 농업시스템의 완화, 적응능력증진 프로그램을 지원하고 있고, 기후 및 자연재해 위기관리 프로그램, 데이터 구축, 기후변화에 관한 조기경보시스템 도입 등을 진행하고 있다. 또한, 지속적으로 기후변화와 농업, 식량에 관한 보고서를 출판하여 주요 기관에 배포하고 있고, 유엔환경계획, 유엔개발계획 등과 협업하여 기후변화에 따른 식량위기 전망과 대책을 수립하는 데에 집중하고 있다.

유엔환경계획은 홈페이지 가장 상위메뉴를 기후변화 섹션으로 바꿔 놓을 정도로 기후변화 대응에 가장 적극적인 행보를 보이고 있다. 농업 분야와 관련된 유엔환경계획 프로그램은 주로 열대우림

기후변화와 식량위기 해결을 위한 접근 방법

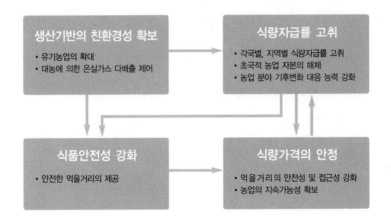

과 같은 흡수원 보존에 맞춰져 있는데, 아프리카와 같은 개발도상국들의 농업 분야 적응을 위한 지원 연구사업을 동시에 수행하고 있다.

유엔개발계획의 기후변화 대응은 크게 빈곤 감소와 에너지접근성 강화 등에 맞춰져 있다. 개발도상국에 대한 국제개발협력 과정 중 빈곤 감소의 수단으로 농업 분야의 취약성 강화와 에너지기본권으로서의 접근성 강화가 가장 큰 의제다. 유엔환경계획과 함께 흡수원 보존 역시 큰 관심사로서 다양한 지원프로그램을 계획 중에 있다.

각국 농민들의 국제연대체인 비아캄페시나Ｌa Via Campesina는 기후변화 문제를 식량안보, 농산기업 중심의 관행농업의 폐해 문제 등과 연결해 대응을 하고 있다. 비아캄페시나는 각종 국제회의에서 대규모로 농민시위를 조직하여 기후변화로 인한 농업위기를 홍보하는 데에 주력하고 있고, 성명서를 통해 입장을 지속적으로 전달하고 있다. 또한 유기농과 소농이 대안이라는 인식하에 개발도상국 소농에 대한 직접적이고 적절한 지원을 요구하며, 자체적으로는 기후변화 적응에 관한 연구와 교육을 수행 중이다.

비아캄페시나는 기후변화와 식량위기에 따른 농업 분야의 문제를 해결하기 위해서는 1) 식량의 양(식량자급률), 2) 식량의 질(식품안전성), 3) 식량가격(식품 가격 및 접근성), 4) 식량 생산기반(농법의 친환경성) 문제가 동시에 담보되어야 한다고 주장하고 있다. 이를 위해서는 유기농을 기반으로 하여 식량자급률을 높이고 이를 기후변화 대응 대책과 연계하여 육성하는 지원 정책이 필수적이다.

착한 바이오연료,
나쁜 바이오연료

유기농이 상업적 대규모 생산과 유통체계에 의존하거나 포섭되어 있을 때, 그런 유기농을 관행농에 비해 바람직하다고 말할 수 있을까? 유기농 작물을 재배할 목적으로 열대우림 등 숲을 개간한다면? 유기농 자체가 제아무리 유익하더라도, 우리가 그것을 어떻게 대하는가에 따라 착한 유기농일 수도 나쁜 유기농일 수도 있다. 멀리 갈 것도 없이, 호텔에서 사용하는 식자재를 먼 타국 땅에서 비행기로 공수해오는 게 좋을 턱이 없다.

재생가능에너지도 마찬가지가 아닐까? 온실가스도 줄이고 에너지를 직접 생산해 사용할 수 있는 장점이 있더라도, 산을 파괴하고 사람을 쫓아내며 조력과 풍력과 태양광의 발전 설비를 설치하는 게 착한 에너지일 수 없다. 다른 재생가능에너지보다 바이오연료에 이런 양면성이 존재하니, 착한 바이오연료와 나쁜 바이오연료를 구별하는 법을 살펴보기로 하자. 조금 딱딱하더라도, 바이오연료가 무엇인지 살펴보는 게 먼저다.

바이오연료란 무엇인가

바야흐로 재생가능에너지가 각광받고 있다. 세계적으로 보면 재생가능에너지로 생산한 전력량이 핵발전량을 초월하기도 했다. 그런데 바이오연료bio-fuel는 다른 재생가능에너지에 비해 복잡한 면이 있다. 햇빛을 이용하는 태양광과 태양열, 바람을 이용하는 풍력은 쉽게 연상되지만 바이오연료는 그렇게 간단하지 않다.

더 넓은 개념인 바이오에너지bio-energy부터 알아보자. 바이오에너지는 바이오매스bio-mass를 직접 연소하거나, 가스화·열분해하는 열화학적 공정, 발효시키는 생물화학적 공정 등을 통해 얻는 연료·열·가스·전기와 같은 에너지를 말한다. 바이오매스에는 옥수수·콩·유채 등과 같은 농업 작물, 나무·볏짚·왕겨 등과 같은 농임산 부산물, 축산 분뇨와 같은 유기성 폐기물 등이 포함된다. 변환 공정에 따라 바이오에탄올bio-ethanol, 바이오디젤bio-diesel, 바이오가스bio-gas, 바이오수소bio-hydrogen 등으로 분류된다.

농업과 먹을거리와 직접적으로 관련된 것에는 바이오디젤과 바이오에탄올이 있다. 모두 석유제품을 대체하는 용도로 사용되는

⑤ 전통적인 바이오매스 사용이 높다고 해서 불행하기만 할까?

바이오매스와 바이오에너지는 우리에게 결코 낯설지 않다. 땔감을 직접 태워서 취사와 난방에 사용하는 전통적인 1차 에너지원이었다. 현재 아프리카, 아시아, 중남미에서는 이런 방식이 널리 사용되고 있다. 그만큼 바이오매스는 예나 지금이나 인류에게 친숙하다 하겠다. 대체로 빈곤층 인구 비중이 높은 나라일수록 전통적인 바이오매스를 에너지로 많이 사용하는 경향이 있다. 이렇게 빈곤과 전통적 바이오매스 사용 간에는 일정한 상관관계가 있다. 또한 이 지역의 사람들이 자연 환경에서 나무와 같은 에너지원을 더 많이 구할수록, 삼림이 파괴되어 생태계에 의존하는 생계에 부정적인 영향을 끼쳐 빈곤이 심해지는 악순환이 반복되는 형태가 발견되기도 한다.

그런데 쿠바와 코스타리카와 같이, 서구 기준으로 근대화 수준이 낮은 일부 나라는 총 에너지에서 바이오매스 사용 비중이 높지만, 지속가능한 방법으로 사용한다. 두 나라는 행복지수가 높고 대안적인 삶의 방식을 추구하는 것으로 유명하다. 반면 국내총생산GDP과 같은 지표로 측정되는 경제 성장에서 높은 순위에 있는 나라라고 환경친화적이지 않다. 대규모의 중앙집중화된 근대적 에너지시스템을 갖춘 나라가 모두 사회적으로 평등하지도 않다. 그렇다면 자연과 공존하는 대안적 삶을 추구하는 나라가 사회적으로도 정의롭고 정서적으로도 행복하다는 사실은 우리에게 무엇을 말해주는가.

데, 바이오에탄올은 휘발유를 대체하고 바이오디젤은 경유를 대체한다. 바이오에탄올은 옥수수·사탕수수·카사바·감자·보리·밀

등의 당질계 전분으로 생산하는데, 최근에는 볏짚·갈대·옥수수대 등 농업부산물이나 폐지·폐목재 등에 포함된 섬유소를 이용해서 생산하기도 한다. 주로 브라질(사탕수수 이용)과 미국(옥수수 이용)에서 바이오에탄올을 사용하다. 바이오디젤은 유채, 오일팜(기름야자), 자트로파, 대두, 해바라기씨 등 동·식물성 유지 원료로 생산하는데, 주로 유럽과 우리나라에서 사용한다.

이런 바이오연료는 계속 재배할 수 있어 석유처럼 고갈되지 않는 재생가능한 에너지원이며, 화석연료에 비해 이산화탄소의 배출 효과가 낮기 때문에 큰 관심을 받았다. 한국을 포함해 대다수의 나라에서 바이오연료를 재생가능에너지로 보고 생산과 사용을 장려했다. 그런데 국제에너지기구[IEA] 등 국제기구에서는 태양광과 풍력 등 다른 재생에너지원에 비해 바이오연료의 증가세가 당초 예상보다 줄어들 것이라고 전망한다. 무슨 이유가 있는 걸까?

식량이냐 연료냐

앞서 언급한 작물에는 우리에게 필수적인 식량들이 포함되어 있다. 바이오연료 생산을 이런 식량작물에 지나치게 의존할 경우 곡물 생산이 줄고 곡물 가격이 상승할 수 있다. 애그플레이션[Agflation]을 유발할 수 있다는 것인데, 2008년에 식량가격이 급등한 사건이 대표적이다. 우리 모두 시장이나 마트에서 경험했던 바로 그 일이다. 이를 두고 다양한 분석이 이루어졌는데, 기상이변으로 인해 공급 자체가 줄었다는 주장에서부터 투기자본이 국제식량시장으로 몰리면서 가격이 왜곡되었다는 비판적 입장까지 다양했다.

다른 원인으로 바이오연료가 쟁점으로 부상했다. 식량가격 폭등 문제를 논의하기 위해 2008년에 열린 유엔 식량안보정상회의에서 식량가격 폭등의 원인으로 옥수수 등으로부터 만들어내는 바이오연료의 생산과 확대를 지목한 것이다. 미국과 유럽은 고유가와 온실가스 감축의 방안, 특히 자동차연료를 대체할 방안으로 바이오디젤과 바이오에탄올 등 바이오연료의 사용을 확대하는 정책을 추진해왔는데, 그런 정책의 결과가 세계 식량가격 폭등의 주요한 원인이라는 것이다. 오죽했으면 국제농민단체와 환경단체들이 "먹을 것을 태워서 자동차를 굴린다"는 비난을 하겠는가. 이런 점에서 이들은 바이오연료라는 말 대신 농업과 연료의 합성어인 농산물연료 agrofuel라는 단어를 쓴다.

세계은행은 바이오연료 확대로 식량가격이 약 75퍼센트가 급등했다고 발표하기도 했다. 이 수치가 정확하냐에 대해서는 논란이 있는 게 사실이다. 바이오연료의 영향을 인정하더라도 그 정도로 대단하지 않았을 것이라는 반론도 있고, 바이오연료보다는 국제식량분배체계가 문제의 근본 원인이라는 지적도 타당하다 할 것이다. 따지고 보면, 세계 식량의 절대량은 부족하지 않다. 선진국과 부유층의 낭비와 투기성 재고 물량 때문에 필요한 곳에 골고루 분배되지 못하고 있기 때문이다.

아무튼 몇 퍼센트인지 정확하게 말할 수 없더라도 분명한 점은 바이오연료가 확대될수록 이런 모순적 상황은 악화될 수 있다는 것이다. 지금도 바이오연료 확대 정책으로 곡물이 식량이 아닌 연료로 전용되고 있다. 미국 옥수수의 3분의 1이 바이오에탄올로 사용되고, 유럽연합EU에서는 식용 기름의 2분의 1이 바이오디젤용으로 사용되고 있다. 농부들이 바이오연료를 생산하는 데 농지를 활용하면서 식량자급과 먹을거리 공급에 차질이 생기고 있는 것이다.

기후변화의 잘못된 해결책

바이오연료가 축복이 아니라 저주가 되고 있는 현장을 접할 수 있었다. 우리는 2010년 멕시코 칸쿤에서 열린 16차 유엔기후변화총회에 다녀왔다. 바이오연료에 대해서 세계 시민사회가 어떻게 생각하고 있는지, 특히 옥수수를 주식으로 하는 멕시코인들이 바이오연료를 왜 반대하는지 접할 수 있었다. 우리가 당시 들었던 생각을 국내 언론에 이렇게 전했다.

(…) 더 이상의 시장주의적 접근 방식으로는 기후변화를 결코 막을 수 없다는 비판에도 불구하고 시장을 통한 기후변화 대응은 여전히 큰 이슈이다. 그리고 교토의정서가 끝나는 2012년 이후를 이야기해야 하

는 지금, 이곳 회의장은 여전히 어떻게 이 시장을 더 확대할 것인가에 혈안이 되어 있다. 그러기에 기후변화 대응을 위한 국제행동의 날, 칸쿤 시내에 모인 1만여 명은 지금 회의장에서 이야기되고 있는 잘못된 방식의 논의를 멈추라고 외친 것이다. 심지어 유엔의 기후시스템을 부정하는 입장도 확산되고 있다.

이곳에는 이전 총회장 주변에서 보지 못했던 특별한 전시물이 하나 있다. 바로 옥수수다. 이는 2007년 멕시코에서 일어났던 일명 '토르티야 시위'에서 출발한다. 옥수수가 바이오에탄올의 원료로 각광받으면서 멕시코 국민의 주식 토르티야의 가격이 폭등하여 발생한 소요사태였다. 카길, 몬산토와 같은 초국적 곡물 메이저 기업들의 바이오에너지산업 진출이 전세계적인 곡물가 폭등의 원인 중 하나였다. 이것은 단순히 청정에너지라고 믿었던 바이오에너지의 두 얼굴이 아니다. 이것은 기후변화를 막기 위해 만들어 놓은 기후시장의 두 얼굴인 것이다.

초국적 기업들은 시장 확대를 위해 산림훼손 방지REDD+ •, 바이오에너지, 원자력, 탄소 포집 및 저장과 같은 시장 중심, 기술 중심의 방식을

● REDD는 '산림 전용과 산림 황폐화 방지를 통한 온실가스 감축(Reducing Emissions from Deforestation and forest Degradation)'을 뜻한다. 산림을 농지나 도시로 바꾸거나 산림을 황폐화시키는 것을 줄여 나무 속에 축적된 탄소가 대기 중으로 방출되는 것을 방지하는 프로그램. REDD+는 재조림이나 상업적 조림 내용을 부가한 것이다. 일체의 산림 훼손을 인정하지 않기 때문에 원래 거주하던 토착민들까지 생활 지역에서 쫓겨나고 있고, 재조림의 경우 온실가스 흡수에 유리한 나무를 단일 식재하여 생물종 다양성 훼손 등의 문제가 일어나고 있다.

선호한다. 이를 위해 엄청난 물량 공세를 통해 정부와 국제기구를 압박하고 있다. 하지만 이미 전세계 많은 지역에서 발생하는 것처럼, 이런 '잘못된 해결책'은 기후변화 문제를 해결하는 데 부적합하며, 또 다른 시장을 통해 초국적 기업의 손에 우리 미래를 맡기는 꼴이다.

기후변화로 인해 가라앉고 있는 섬나라들과 녹고 있는 빙하에 대해 이미 우리는 익히 들어왔다. 하지만 우리가 알지 못했던 또 다른 피해자들이 있다. 대기업에 자신의 영토를 내어주어야만 하는 원주민들과 자신의 경작지를 뺏겨버린 농민, 그러한 상황 속에서 가정을 돌봐야 하는 여성 등 우리가 알지 못했던 수많은 이들이 기후변화뿐 아니라 기후변화를 막기 위해 만든 신자유주의적 녹색개발시스템에 의해 피해를 받고 있다. (…)

(「바이오에너지 '곡물가 폭등' 기억하라」, 『주간경향』 905호, 2010년 12월 21일)

바이오연료 정책은 또한 개발도상국의 경작지나 열대우림을 대규모로 바이오연료 생산용 농장(플랜테이션)으로 전용하게 만들고, 그 과정에서 인권과 생태에 지대한 영향을 끼치고 있다. 특히 야자유palm oil를 주로 담당하는 동남아시아와 사탕수수를 경작하는 브라질의 경우 이미 바이오연료 생산으로 인한 열대우림·경작지·공동체의 파괴가 가속화되고 있고, 동시에 크고 작은 갈등이 발생하고 있다.

열대우림이 삶의 터전인 원주민들의 삶이 송두리째 흔들리고 있는 것은 말할 것도 없고, 이렇게 생산돼 유통되는 바이오연료를 소비하는 산업화된 국가들에게도 부메랑 효과가 나타나고 있다. 바이오연료를 생산하는 나라나 소비하는 나라나 모두 기후변화에서 자유로울 수 없기 때문이다.

인도네시아와 브라질은 중국과 미국 다음으로 온실가스를 많이 배출하고 있다. 풍부한 열대우림이 농업, 축산업, 도로에 자리를 내주면서 나무가 품고 있던 이산화탄소와 토양 속에 머물러 있던 메탄 등의 온실가스가 대기로 나오기 때문이다. 전세계 온실가스 배출량의 20퍼센트 가량이 이렇게 열대우림 파괴로 인해 발생한다. 그런데 바이오연료 붐이 일면서 지구에 산소를 공급하고 생물다양성의 기반이 되는 열대우림이 더 많이, 더 빨리 잘려나가고 불태워지고 있다. 다국적 기업과 대기업들은 새로운 녹색산업인 바이오연료 생산으로 돈을 벌고, 잘사는 나라는 녹색소비라면서 자동차 연료로 바이오연료를 소비한다. 모두가 행복해지는 윈윈 게임인 것처럼 보이지만 기후변화는 더 심각해진다. 상황이 이런데도 기후변화의 책임을 인도네시아와 브라질의 탓으로 돌리는 게 합당할까? 알게 모르게 우리도 이 게임에 동참하고 있는 것은 아닌지 스스로에게 물어봐야 하지 않을까?

또 하나의 잘못된 해결책
— 유전자조작 등 기술적 해결 방식

대형 농산기업들과 일부 선진국들은 유전자조작 작물GMO 생산 및 보급을 식량 문제와 기후변화의 대응책으로 제시한다. 그러나 이는 특정 농산기업들이 종자를 포함하여 농업 투입물과 생산 과정, 산출물의 통제력을 장악하고 이를 기반으로 이윤을 창출하는 것이 전제되므로 문제를 악화시킬 뿐이다. 게다가 유전자조작 식량은 단작으로 인한 생물다양성 훼손과 생태계시스템 파괴를 야기하고, 화학비료와 제초제의 과잉 사용을 불러올 수밖에 없다. 이는 생물다양성을 크게 훼손하게 될 것이며, 농업에 대한 농민들의 권리 박탈을 가속화한다. 따라서 기술주의적 해결 방식은 기후변화의 해결책이 아니라 기후변화의 위협을 증폭시키는 요소가 될 수 있다. 진정한 해결책은 토지의 생명력 확보와 이를 통한 생태친화적 방식의 농업기술을 확대하는 것이다.

지속가능한 착한 바이오연료

이렇듯 식량을 기반으로 하는 농산물연료는 식량을 감소시키고 분배정의를 악화시키며, 지나치게 에너지집약적인 현 농업체계를 고착화시킬 수밖에 없다. 따라서 이러한 바이오연료 정책은 식량 문제나 생태계 보존 문제와 직결되어 있으므로 폐기하도록 요구해야 한다는 주장이 더욱 거세지고 있다. 이를 의식해서 유럽연합은 환경적·사회적으로 '지속가능한 바이오연료'의 기준에 부합하는 바이오연료만 인정하고 있다. 주로 제3세계에서 수입해오는 바이오연료에 제재를 가하고자 함이다. 독일에서 시작된 이 정책은 유럽연합 회원국 내에서 긍정적으로 받아들여지고 있다.

심지어 바이오연료는 경우에 따라 화석연료 못지않게 이산화탄소를 많이 배출한다는 사실도 밝혀졌다. 대규모 천연산림을 벌목하고 야자유를 재배하기 위해 플랜테이션을 만들면 인근 주민들의 삶의 터전이 무너질 뿐만 아니라, 제거된 나무와 토양에서 엄청난 양의 이산화탄소와 메탄이 발생하기 때문이다. 또한 바이오연료를 통해 얻을 수 있는 에너지보다 바이오연료 작물을 재배하고 연료로 정제하는 데 들어가는 에너지가 많다는 비판도 제기되었다. 배보다 배꼽이 더 크다는 표현이 딱 들어맞는다. 이런 배경에서 바이오연료에 대한 기준과 규제도 강화되고 있다.

일례로 온실가스 감축을 위해 에너지 사용에 탄소세를 부과하는 핀란드는 바이오연료에 대해 엄격한 기준을 부과하고 있다. 화석연료 대비 이산화탄소 절감량이 35퍼센트 미만인 바이오연료에 대해서는 화석연료와 동일한 탄소세율이 적용되고, 절감량이 35~70퍼센트인 경우에는 화석연료 대비 50퍼센트의 탄소세율이 적용되며, 절감량이 70퍼센트 이상인 경우에만 탄소세가 전액 면제된다. 이제 기후변화에 대응한다는 바이오연료도 진짜와 가짜를 잘 구별해야 한다.

한국에도 착한 바이오연료가 필요하다

한국 역시 이렇게 착한 바이오연료로 방향을 틀어야 한다. 유럽이 시행착오를 거치면서 나쁜 바이오연료를 퇴출시키려 노력하고 있는 것에 비하면 한국 정부와 기업은 국제적 기준에서 한참 모자란 모습을 보이고 있다. 국내 식량자급 정책과 바이오연료 정책은 거의 흡사하다.

한국은 쌀을 제외하고는 곡물자급률이 10퍼센트 미만이고 전체 곡물 수입량의 60~70퍼센트를 곡물 메이저 기업에 의존하는 취약한 수급 구조를 갖는 나라다. 수급을 안정화시키고자 해외 곡물 자원을 확보한다는 이유를 들어 중국, 인도네시아, 캄보디아 등 아시아 및 러시아 지역을 중심으로 정부의 지원을 받아 18개국에 70여 개 민간기업이 진출해 있다. 그러나 해외식량기지에서 국내로 들어오는 경우는 거의 없다. 국내 식량자급률을 높일 생각이 있다면 마땅히 국내 농업을 살릴 궁리를 하는 게 정상일 텐데, 기껏 해외에 나가서 한다는 게 현지나 해외에 판매하는 게 고작이다.

바이오디젤 정책 역시 농업 정책을 빼다 박았다. 현재 일반 주유소에서 주유 받는 경유에는 바이오디젤 2퍼센트가 섞여 있다. 정부 정책으로 몇 년간 혼합 비율을 조금씩 높인 결과이다. 그러나 바이오연료가 안착되기도 전에 당초 계획과 달리 비율을 늘리지 않기로 했다. 국내에서 조달하지 않고 대부분을 해외에서 수입해오는 상황에서 좋은 선택이라고 칭찬해야 할 일인지도 모른다. 바이오디

부안군 하서면에서의 유채 재배. ⓒ에너지기후정책연구소

젤에 사용되는 원료의 80퍼센트 가량을 수입하는 상황이니 말이다.

물론 바이오연료로 국내 석유 사용량 전부를 대체할 수 없는 것은 당연하다. 그렇다고 현재 추진되고 있는 해외 에너지 개발을 통해 바이오연료를 확대하는 방향에 동의하긴 힘들다. 이미 국내의 대기업들이 인도네시아 등 동남아시아에 진출해 바이오연료 플랜테이션을 개발하려고 혈안이다. 기업의 영리활동의 결과로 열대우림을 망쳐놓으면서 생산된 바이오연료가 국내로 들어온다는 보장도 없다. 정작 더 큰 문제는 수년 동안 국내에서 바이오연료의 생산기반을 확대하려는 노력은 거의 하지 않았다는 데 있다.

국내의 기후 조건상 각광받던 유채가 채 꽃이 피기도 전에 시들어버렸다. 정부 지원으로 2007~2009년에 실시된 '바이오디젤용 유채생산 시범사업'이 허무하게 끝나버렸기 때문이다. 이미 국산 기술로 개량된 종자를 적정한 규모로 재배하면 곡물 생산과 충돌하지도 않고 농가 소득과 환경 효과를 기대할 수 있는데도 말이다. 전북 부안은 '방폐장 사태' 이후에 노란 유채꽃이 상징이 되었고 유채 축제로 전국에서 많은 사람들이 방문하는 명소가 되었다. 그러나 정부가 경제성이 없다는 이유로 손을 놓아 버렸다. 바이오디젤이 활성화되지 못한 대표적인 정책 실패이다.

제2호 '폐식용유 바이오디젤 자원순환학교' 강덕초등학교에 설치된 폐식용유 수거병과 수거함. ⓒ에너지기후정책연구소

　정부의 지원이 없더라도, 지역에서 자체적으로 착한 바이오연료를 일굴 수도 있다. 그런데 서울시 강동구청에서 선도적으로 실시하고 있는 폐식용유의 재활용도 전국적으로 확대될 기미가 보이지 않는다. 폐식용유를 정제해 바이오디젤을 만들어 사용하면 이중, 삼중의 편익이 생긴다. 제대로 수거되지 않아 발생하는 환경오염을 예방하고 폐식용유 처리 비용도 절약할 수 있으며, 차량을 움직일 수 있는 바이오디젤을 얻을 수 있어 수입 원료 대체 효과도 있고, 학생들의 참여로 교육 효과도 크다. 분리수거하는 것처럼 조금만 신경 쓴다면 착한 바이오연료가 무엇인지 우리 스스로 깨닫게 되는 쉬운 길이 열릴 것이다.

　지역 차원에 맞는 착한 바이오연료는 얼마든지 가능하다. 부안의 유채와 강동구의 폐식용유라는 희망을 버리긴 너무 이르다.

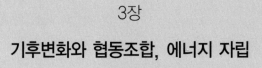

3장

기후변화와 협동조합, 에너지 자립

협동조합,
기후변화와 에너지 문제에 나서다

협동조합의 쓸모는 더 커져야 한다 — 생명공생을 위한 협동

요즘 여기저기에서 협동조합에 관한 이야기들을 많이 듣게 된다. 협동조합기본법 등 협동조합을 지원하는 제도적 기반들이 마련된 덕분도 있지만, 경제가 어려워지면서 생활에 어려움을 느끼는 사람들이 당면한 어려움들을 서로 힘을 모아 해결해야 할 필요성을 느끼면서 그것이 협동조합에 대한 관심으로 이어지고 있다. 1970년대 모든 것이 어려웠던 시절, 의지할 데 없던 여성 노동자들이 서로 돕기 위해서 만들었던 서울 영등포 지역의 '다람쥐회'나 달동네 주민들이 도시개발사업에 따른 철거를 경험하면서 함께 만든 '논골신협' 등 수많은 예들 속에서, 협동조합은 가난한 사람들에게 "혹독한 서울살이의 비빌 언덕"이 되어주었던 경험으로 기억된다.

애초 협동조합의 역사가 그랬다. 170여 년 전 영국 로치데일 Rochdale 노동자들이 처음으로 시작한 협동조합은 가난한 이들이 서로를 도와온 오랜 역사를 잘 보여주고 있다. 그러나 협동조합의 쓸모가 이것에만 국한되는 것인가? 물론 가난한 이들이 서로를 돕는다는 정신과 목표는 지금도 유효하다. 하지만 오늘날 협동조합은 그동안 전통적으로 가져왔던 협동조합의 의미와 역할을 훨씬 더 확장할 필요가 있음을 이야기하려는 것이다.

한국의 대표적 생활협동조합인 한살림에서 오래 일해온 윤형근 씨는 한살림의 협동조합운동에 대해 다음과 같이 말한다. 그는 1970년대의 협동조합을 먼저 이야기한다. "할인마트나 인터넷 쇼핑몰이 없던 시절, 1970년대 후반부터 이 땅에 뿌리를 내린 소비자협동조합은 시장보다 값싸게 물건을 살 수 있던 곳이었다. 소비조합은 물건 가격을 낮춰서 소비자들이 더 풍요로운 생활을 누리는 것을 목표로 삼았다. 사회적 약자들은 서로 힘을 모아 구판장과 같은 소비자협동조합을 통해 경제적 안정을 누리려 했던 것이다." 그러나 한살림과 같이 최근에 활발히 활동하는 생활협동조합은 조금 다르다고 이야기한다. 한살림이 협동하는 목표는 '싼 가격'에 있지 않다고 말한다. "(한살림이) 취급하는 물건의 가격도 시중의 물건보다 싸지 않았다. 한살림은 농약을 치지 않고 화학비료를 쓰지 않는 농산물을 구하려는 도시 소비자를 조직했고, 소비자들에게 손쉽게 친환경농산물을 공급하고 싶었다. 생산자들에게 정당한 대가를 지불하는 대신 '시장'에서는 찾을 수 없는 '신뢰'를 얻고자 했다."
요컨대 "한살림 운동은 '신뢰'를 바탕으로 '친환경 유기농업'이 이
땅에서 지속가능하게 하는 것"이라고 강조했다. 즉 싼 물건을 구입
하고자 하는 가난한 소비자들만의 협동이 아니라, 땅을 살리고 안
전한 먹을거리를 생산하려는 생산자 농민들과 그런 절박한 마음을
이해하고 함께하려는 도시 소비자들이 힘을 모아 일구어낸 '확장
된 협동'의 모습이 오늘날 한국 생활협동조합의 큰 흐름을 만들어
낸 것이다.

　더 나아가 "협동조합이 단지 동시대 가난한 이들의 경제적 지
위 향상을 위한, 경쟁에서 이기기 위한 방편이 아"니라고 직접적으
로 이야기하는 이도 있다. 두레생협연합회 전 상무였던 김기섭 씨
는 우리 사회가 직면한 세 가지 위기를 해결하기 위해서는 세대와
계층을 넘어 모든 이들에게 협동조합이 필요하다고 주장한다. 그는
『깨어나라! 협동조합』이라는 책에서 우리 사회가 당면한 세 가지
위기로 '에너지와 식량의 위기', '저출산 고령화의 위기', '남북위
기'를 들면서, 그 중 '저출산 고령화의 위기'와 '남북위기'에 대처
하기 위해서는 "협동에 대한 우리의 인식이 동시대 경제적 약자의
협동을 넘어 세대와 계층을 아우르는 협동으로 확장되어야 하고,
협동조합은 '사회 통합'의 협동조합으로 나아가야 한다"고 주장한
다. 나아가 그는 "협동은 사람만 하"는 것이 아니라며, "생명계 전
체를 아우르는 협동의 관계망"으로서 '생명공생의 협동조합'을 주

장하고 있다. "사람만이 협동한다고 사고하는 한, 그런 협동을 담아내는 협동조합은 자연을 파괴하고 자연 위에 군림할 수밖에 없다"고 경고하면서, 에너지와 식량의 위기에 직면에 있는 우리 사회에서 협동조합이 의미 있는 대안으로 자리 잡을 필요가 있음을 강조하고 있다. 사람과 사람은 물론 사람과 자연, 생산과 소비가 서로 살림의 협동 관계로 자리매김하는 뜻을 담은 한살림도 '생명공생'의 협동조합의 모습이라 할 수 있다.

국제협동조합연맹, 지속가능한 발전을 고민하기 시작하다

전통적인 사회경제적 약자들 간의 협동 영역을 사람과 자연의 협동으로까지 확장해야 한다는 주장이 낯설게 보일 수도 있지만, 이와 일맥상통하는 이야기를 전세계 협동조합운동 속에서 빈번히 발견할 수 있다. 비단 한국의 생활협동조합 영역에서만 나오는 유별난 이야기는 아니라는 것이다. 예컨대 세계 협동조합의 연대체인 국제협동조합연맹International Cooperative Alliance, ICA은 전지구적인 환경위기인 기후변화에 대해서 협동조합의 적극적인 역할이 필요하다는 점을 인식하고 문제 해결을 위해 행동할 것을 결의하고 있다. 국제협동조합연맹은 이미 1992년 총회에서 '환경과 지속가능한 발전'에 대해 논의를 한 바 있다. 그해 6월 브라질 리우데자네이루에서 개최된 유엔환경개발회의에 보조를 맞춰 지구 환경 보전을 위한 협동조합의 역할에 대해 토론했던 것이다. 그리고 토론의 결과는 1995년에 개정된 협동조합의 원칙에 반영되었다. 즉, 새롭게 추가된 제7원칙인 '지역사회에 대한 관심'에서 "협동조합은 조합원이 동의하는 정책을 통해 그들 지역사회의 지속가능한 발전을 위해 노력한다"고 천명하였다. 이것은 "지역사회를 생태적으로 지속가능한 사회로 만들기 위한 협동조합의 역할을 강조하는 것"으로 풀이된다.

국제협동조합연맹의 지속가능한 발전에 대한 관심은 기후변화 문제로도 이어지고 있다. 2009년에 개최된 총회는 기후변화를 중심 주제로 다루었다. 여기서 아프리카에서 온 협동조합운동가인 넬슨 C. 쿠리아Nelson C. Kuria 씨는 협동조합이 왜 기후변화에 대응해야 하는지에 대해서 연설을 하였다. 그가 보기에 기후변화는 서구 유럽인들이 생각하는 지구 환경위기라는 추상적인 의미를 넘어서 아프리카인들에게는 생존의 문제였던 것이다. 기후변화의 탓으로 여겨지는 오랜 가뭄으로 아프리카인들이 더욱 비참한 빈곤에 처해 있는 상황에서, 서로 도와 삶을 개선하려는 협동조합이 기후변화에 관심을 가지지 않을 수 없다고 그는 주장했다. 국제적으로 연계되고 지역적으로 조직된 협동조합운동은 기후변화에 대처할 수 있는 적절한 구조와 역량을 가지고 있다고 보았기 때문이다. 그는 이렇게 이야기하고 있다. "나는 ICA와 협동조합운동이 (기후변화 대응에서) 중요하고 주도적인 역할을 해야만 한다고 생각한다. 협동조합운동은 광범위하게 뻗어 있고 많은 부문을 가로질러 존재하며,

이 때문에 행동하고 네트워킹하기에 적합한 플랫폼으로서 기능할 수 있다고 생각한다."

아프리카의 쿠리아 씨와 같은 주장은 국제협동조합운동에 참여하는 많은 사람들로부터 공감대를 형성하고 있었다. 쿠리아 씨의 연설 이전에 이미 유럽의 협동조합들은 기후변화를 다루는 문제에 대해 생각해왔다. 2007년 국제협동조합연맹 총회에서 유럽의 소비자협동조합 연합체인 유로코압은 영국의 협동조합그룹Co-operative Group을 통해서 협동조합이 기후변화 문제에 나설 것을 요청하는 결의문을 제안했으며, 전세계에서 모인 협동조합 대표들은 이를 채택하였다. 「기후변화: 우리 협동조합의 임무」Climate Change: Our Co-operative Commitment라는 결의문은 시급히 대응해야 할 기후변화 문제에 협동조합의 대응을 촉구하면서, "집합적으로 세계 10대 경제에 해당하는 협동조합은 미래 기후변화에 대한 영향을 줄이는 데 중대하고 적절한 기여를 할 수 있다"고 주장하였다. 그 다음해 7월, 국제협동조합의 날을 맞이하여 발표된 성명서에서 국제협동조합연맹은 "협동조합은 기후변화에 도전하기 위해서 일어나고 있으며, 전세계의 여러 국가와 부문에서 리더십을 보여주고 있다"고 선언하였다. 이런 자신감이 놀라운 것이기는 하지만, 그들이 생각하기에 기후변화 대응에서 보여주는 협동조합의 행동이 새로운 것은 아니다. "모든 협동조합은 지난 150년간 지속가능한 발전을 촉진하는 데 적극적이었다. 협동조합은 민주적으로 통제되는 기업으로 사회적 책임을 포함하는 가치와 원칙 아래에 운영되며 그들의 공동체를 돌보아왔기" 때문이라고 생각한다.

왜 그리고 어떻게, 기후변화에 대응하는가

세계 10위의 경제를 형성하고 있는 협동조합이 조합원에 의해 민주적으로 통제되고 사회적인 책임을 고려하여 운영되고 있다면, 협동조합운동이 지구를 구하는 일에 중요한 기여를 할 수 있을 것이라고 기대할 만하다. 이러한 기대는 협동조합운동이 소비자들이 값싼 물건을 구입하는 것에만 관심을 갖도록 부추기는 것이 아니라 소비 행위를 통해서 정치적 행동을 표출할 수 있도록 도울 수 있다는 점에 의해서 더욱 강화되고 있다. 유럽 협동조합의 기후변화 대응 활동에 대한 한 연구에서는 소비자협동조합이 "소비로 차이를 만들어내는 능력"을 발휘해 새로운 유형의 행동주의를 이끌어내고 있다고 말하면서, 이런 행동에 참여하는 이들을 소비자이면서 동시에 적극적인 정치적 행동과 참여를 추구하는 시민, 즉 '시민-소비자'라고 부르고 있다(엄은희, 2010, 154쪽). 소비자들은 협동조합을 통해서 에너지 투입이 적고 온실가스 배출이 적은 농산물(지역 먹을거리)과 생활재를 구입하고, 화석연료나 핵에너지로부터 생산되지 않고 재생에너지로 만들어진 전력을 구입함으로써 기후변화를 막는 데 기여할 수 있다. 이것은 소비하는 행위이기도 하지만, 적극적인 정치적 행동이기도 하다는 생각이다.

전세계 협동조합은 그러한 소비-정치 행동을 지원할 준비가 되어 있으며, 또 그렇게 해야 한다고 천명하고 있다. 2007년 국제 협동조합 정기총회에서 채택한 기후변화 문제에 대한 결의문은 협동조합이 어떻게 기후변화 문제에 대응할 것인지를 세 가지 방식으로 간명하게 정리하고 있다(ICA, 2007). 하나는 협동조합의 사업체 운영 과정에서 사용하는 에너지와 배출하는 온실가스를 줄이도록 노력하는 것이다. 또 하나는 조합원과 협동조합에 고용된 직원들에게 기후변화의 심각성을 알리고 온실가스를 줄일 수 있는 방안에 대해서 교육하는 것이다. 마지막으로 정부에게 기후변화를 막기 위한 정책, 즉 보다 강력한 온실가스 감축 정책을 수립하여 추진할 것을 요구하는 정치적 행동에 조합원이 참여할 수 있도록 독려하는 것이다.

이러한 행동 지침은 세계 각국의 협동조합에 의해서 다양한 방식으로 이미 시행 중에 있다. 국제협동조합연맹은 그 현황에 대해 다음과 같이 간략하게 소개하고 있다. 예를 들어 소비자협동조합들은 생활재를 공급하는 생산자들뿐만 아니라 스스로도 탄소발자국을 줄이려고 노력하고 있으며, 조합원과 소비자들에게 탄소 배출을 감축하기 위한 교육을 제공하고 있다. 농업과 어업 분야의 생산자 협동조합들은 농어축산물을 수확하여 시장에 판매하는 과정에서 나오는 온실가스의 배출을 중립화하거나 녹색에너지 사용을 확대하기 위해서 노력하고 있다. 또한 축산 과정에서 가축들의 분뇨나 트림 등을 통해 배출되는 온실가스인 메탄을 줄이기 위해서 혁신적인 사료를 사용하려고 시도하고 있다. 주택협동조합은 지속가능한 건축 자재를 사용하고 에코 빌딩을 설계하고 있다. 협동조합은행과 신용조합은 여러 대출 프로그램을 통해서 에너지효율적인 기술에 대해 투자하도록 인센티브를 제공하고 있으며, 보험협동조합은 기후변화와 관련된 자연재해에 대비하면서도 낮은 보험료를 부담할 수 있도록 혁신적인 방법을 개발하고 있다. 에너지협동조합은 풍력, 태양에너지 그리고 바이오연료를 통해서 깨끗하고 지속가능한 에너지를 제공하려고 노력하고 있다.

상상하고 새롭게 해석하자 — 협동조합을 어떻게 쓸까

우리는 3장에서 협동조합을 통해 기후변화와 에너지 문제를 해결하려는 국내외의 여러 노력들에 대해서 살펴보려고 한다. 선도적인 노력을 보여주고 있는 유럽, 특히 영국 협동조합의 사례는 협동조합을 통해서 우리가 무엇을 할 수 있는지 상상력을 자극해준다. 물론 무조건 좋은 이야기만 있는 것은 아니다. 논란 많은 '탄소상쇄' Carbon Offset 문제에 유럽 협동조합이 어떤 태도를 취하고 있는지도 함께 알아보도록 하겠다. 또한 이미 유기농업과 '가까운 먹을거리 운동'으로 굳건히 자리잡은 한살림과 같은 한국의 생활협동조합에 대해서 생각해볼 것이다. 기존 활동이 기후를 보호하려는 전지구적인 노력과 어떻게 연결되어 있는지를 적극적으로 해석해보며, 다른 한편에서는 부족한 면은 무엇인지도 함께 고민해볼 것이다. 마지막으로 에너지협동조합에 대하여 살펴볼 예정이다. 협동조합으로 못하는 것이 없다고는 하지만, 협동조합 방식으로 에너지를 생산하고 소비한다는 것이 가능한 일일까? 유럽과 북미의 사례들은 그 가능성을 충분히 보여주고 있다. 협동조합으로 기후변화와 에너지 문제를 해결할 수 있는지 이제 본격적으로 살펴보자.

행동하라!
기후위협에 대응하는 유럽의 협동조합

유로코압의 정책 순위가 달라지다 ― 강조되는 기후변화 의제

전통적으로 유럽 사회는 환경보호에 대해 다른 지역들보다 적극적인 관심과 행동을 보여왔다. 이는 전지구적인 위기로 인식되는 기후변화 문제에 있어서도 마찬가지다. 유럽 각국 내에서 정부와 기업, 그리고 시민사회는 온실가스를 감축하기 위한 노력에 적극적으로 참여해왔을 뿐만 아니라, 교토의정서를 비롯한 기후변화 관련 여러 국제협상 과정에서도 선도적인 역할을 해왔다. 그런 노력은 유럽의 협동조합운동 내에서도 발견할 수 있다.

유럽의 소비자협동조합의 연대체인 유로코압은 2007년 설립 50주년을 맞이하면서, 협동조합운동이 대응해야 할 새로운 의제로서 기후변화 문제를 설정하고 그 우선순위를 강조하였다. 유로코압은 설립기념일인 6월 28일에 '기후변화: 21세기 주요 도전, 소비자 협동조합의 대응을 최대화하기'라는 이름의 국제회의를 개최하였고, 그후 유로코압 총회는 기후변화가 이 시대 가장 시급한 과제이자 지금 바로 실천이 요구되는 중요한 과제라고 결의하였다. 이것은 오랫동안 유럽의 소비자협동조합이 안전한 먹을거리를 소비자에게 제공하는 것에 우선순위를 두어왔다는 점에서 적지 않은 변화라고 할 수 있다.

유로코압의 이런 결의는 유럽 소비자협동조합 진영을 넘어 전체 협동조합들을 대표하는 코아퍼러티브 유럽Cooperative Europe asbl 차원의 캠페인인 ACT!Addressing Climate Treat(기후위협에 대응하기)라는 이름의 캠페인 기구로 구체화되었다. ACT!는 유럽의 협동조합들이 에너지 소비와 탄소 배출량을 줄이고 있는 사례를 체계적으로 수집해 연구하고, 기후변화 대응에 필요한 정보와 교육을 제공하고 있다. 또한 '10:10 서약' 10:10 pledge 캠페인도 시작하였는데, 2010년까지 온실가스 배출량을 10퍼센트 줄이자는 서명운동을 협동조합기업, 조합원, 직원, 학교, 교사 등을 대상으로 진행하였다. 이것은 국제협동조합연맹이 채택한 협동조합 기후변화 대응의 두 번째 전략에 해당하는 것으로서, 조합원과 직원을 대상으로 홍보와 교육을 통해 온실가스 저감에 동참하도록 한 것이다.

이런 활동을 주도한 것은 영국의 소비자협동조합인 '협동조합 그룹' Co-op Group이었다. 이들은 유럽 소비자협동조합운동을 대표하

$\boxed{\text{V}}$ 유로코압이란?

유통 및 소매 시장에서 유럽의 소비자협동조합은 이미 주류적인 기업이라고 할 정도로 규모가 크다. 유럽의 국가별 소비자협동조합들은 유럽대륙 차원에서의 시장 점유율과 협동조합운동의 가치 확산을 위해 1957년 유로코압Euro Coop을 설립하였다. 유로코압은 유럽 수준에서 소비자협동조합 기업들의 구조와 윤리를 재현하고 지지하는 대표적인 NGO로 인정받고 있다. 유로코압은 2009년 현재 17개 국가의 국가별 협동조합 조직을 대표하며, 소비자 조합원은 약 3천만 명, 연간 매출액은 700억 유로 이상이며, 약 30만 명 이상의 고용을 창출하고 있다고 한다.

여 같은 해 국제협동조합연맹 총회에서 기후변화를 위한 특별결의 안을 제출해 승인을 얻어냈고, 이를 계기로 2008년 국제협동조합의 날을 기념하는 특별성명서의 주제로 기후변화를 공식 채택하는 데 기여하였다.

영국 협동조합의 기후변화 실천, 유럽 동료들을 이끌다

영국 '협동조합그룹'의 대표인 밥 벌튼Bob Burlton 씨는 기후변화 문제에 앞장서고 있는 협동조합운동가 중 한 명이다. 그는 유로코압의 기후변화 캠페인인 ACT!를 출범시키고 이끌어온 핵심적인 인물이다. 그 역시 아프리카 협동조합운동가인 쿠리아 씨와 같이 기후변화의 위기에 대해 심각하게 받아들이고 있으며, 이대로 계속 간다면 인류의 지속가능성에 희망이 있는지 걱정하고 있다. 게다가 지속가능성을 위협하는 기후변화의 영향은 지역마다 나라마다 상이하며, 기후변화를 야기하는 온실가스 배출량 기여도 상이하다는 점을 잊지 않고 있다. 온실가스를 더 많이 배출하는 영국보다 거의 배출하지 않는 아프리카 국가가 가뭄으로 더 큰 피해를 받고 있다는 점을 가슴 아파하고 있다. 벌튼 씨도 2009년도 국제협동조합연맹 정기총회에서 연설할 기회를 가질 수 있었다. 그는 연설을 통해 협동조합운동의 동료들에게 진지하게 물었다. "이것이 지속가능한 일입니까? 이것이 협동조합 사업을 위해서 지속가능한 것인가요? 형평성과 사회적 책임을 핵심적인 가치로 가지고 있다는 협동조합운동에게 이것이 지속가능한 상황입니까? 지속가능성은 단지 단어에 불과한가요, 아니면 우리에게 의미를 지닌 것입니까?" 그는 지속가능성이 우리에게 의미가 있다면, 우리가 할 수 있고 해야만 하는 무엇인가가 있다고 단호하게 선언하였다.

이런 연설을 듣고 있다 보면, 혹시 벌튼 씨가 앞장서고 있는 영국 협동조합그룹은 환경운동단체 중 하나가 아닐까 싶은 생각이 들 수 있다. 물론 벌튼 씨는 환경운동단체들의 목소리에 귀를 기울이는 진지한 사람이지만, 그가 대표하는 협동조합그룹은 영국의 전형적인 소비자협동조합일 뿐이다. 오히려 그는 기후변화에 적극적으로 대응하는 것이 협동조합의 사업활동에 기여할 수 있다고 생각하기까지 한다. 최근 협동조합그룹은 21세기에도 협동조합이 성공적으로 활동하기 위한 새로운 협동조합 브랜드의 기초로서 새로운 사회적 목표 전략을 개발하였다. 이 전략에 따르면 협동조합은 사회적 목표를 가지고 있어야 하며, 이것이 다른 기업들과 협동조합을 구분하는 핵심적 요소가 된다는 것이다. 사회적 목표를 명확히 하면 일반적인 기업들이 공급하는 물품이나 서비스 이상의 것을 추구하는 소비자들은 협동조합을 선택할 것이며, 이를 통해서 이루어지는 상업적 성공은 사회적 목표에 대한 투자를 확대할 수 있게 된다는 '미덕의 순환'the virtuous circle을 추구한다는 것이다. 이런 전략에 따라서 설정된 다섯 가지 핵심적인 주제, 즉 사회적 통합, 범죄 감소, 좋은 품질의 식품과 건강한 삶, 협동의 가치를 높이기 위해 협동조합을 매력적으로 만들기라는 네 가지 주제와 함께 기후변화가 가장 최우선적인 주제로 정해졌다.

영국 협동조합그룹의 기후변화 대응 활동

그렇다면 영국의 협동조합은 어떤 활동을 하고 있는 것일까? 여기서도 국제협동조합연맹이 제시한 세 가지 전략 틀을 따라 살펴보는 것이 유용하다.

첫번째, 협동조합 사업체가 배출하는 온실가스 배출을 저감한다는 전략을 어떻게 이행하고 있는지 보자. 우선 재생에너지 생산 설비를 직접 설치하여, 협동조합이 사용하는 에너지로부터 발생할 수 있는 온실가스 배출을 줄이는 것이다. 협동조합그룹에 참여하고 있는, 협동조합보험서비스Co-operative Insurance Service, CIS의 본사 건물에 2006년에 설치한 태양광발전시스템은 영국에서 가장 큰 태양광 프로젝트로 평가되었으며, 건물이 자리한 맨체스터 시의 랜드마크가 되고 있다. CIS는 이 태양광발전 설비를 통해서 연간 180MWh의 전력을 생산하고 80톤의 이산화탄소 배출을 감축한다고 밝히고 있다. 맨체스터 시에 자리한 다른 협동조합은행은 시내 중심에 위치한 건물 지붕에 19개의 소규모 풍력발전기micro-wind turbin를 설치하였으며, 연간 45MWh의 전력을 생산하고 20톤의 이산화탄소 배출을 저감하는 것으로 기록되고 있다. 또한 대규모 풍력발전단지를 조성하기도 했다. 잉글랜드 동부의 케임브리지셔Cambridgeshire 주 콜드햄Coldham 지역에 스코틀랜드전력Scottish Power과 공동으로 투자하여 8개의 풍력터빈을 설치하였으며, 이를 통해 대략 9천 가구의 소비 전력에 해당하는 연간 38.5GWh를 생산하고 있다.

협동조합그룹은 재생에너지 이용을 확대하는 것뿐만 아니라, 에너지효율성을 높여서 온실가스 배출을 저감하는 노력도 병행하고 있다. 예를 들어 협동조합그룹이 운영하고 있는 상점 300개에서 냉장고 덮개 등을 이용하여 에너지효율성을 높임으로써 전체 소비 에너지의 40퍼센트를 줄이는 계획을 추진하고 있다. 한편 협동조합이 온실가스 저감 목표를 세우고, 이 성과를 측정하고 보고하기 위한 『지속가능성 보고서』도 작성하여 발표하고 있다.

두 번째 전략은 조합원과 직원들에게 기후변화의 심각성과 대응의 필요성에 대한 인식을 증진시키는 것이다. 우선 가장 기본적인 노력으로 협동조합이 발간하여 조합원에게 배포하는 소식지에 기후변화에 관한 기사를 게재하는 것에서부터, 협동조합이 각종 매체에 게재하는 광고에 기후변화 위기를 경고하고 지속가능한 발전을 옹호하는 내용을 반영하는 일로부터 시작했다. 나아가 조합원을 관리하는 부서에서는 조합원들이 참여하는 프로그램의 일환으로 〈불편한 진실〉과 같은 기후변화의 위험에 대해서 경고하는 영화를 관람하는 사업을 진행하였다.

이런 사업들이 조합원과 함께 하는 일상적 프로그램의 내용 속에 기후변화 의제를 반영하는 것이라면, 보다 적극적인 프로그램들도 눈에 띈다. 북아일랜드의 조합원팀은 2008년부터 '기후변화 트레일러' 프로그램을 시작하였다. 이들은 소규모 풍력발전기로 전압을 공급하는 트레일러 안에 에너지를 효율적으로 사용하고 탄소를 중립시킬 수 있는 방안을 알려주는 설비를 설치하여 조합원뿐만 아니라 일반 소비자들에게도 교육을 진행하고 있다. 또 남서부 조합원팀은 '전환도시 지원'transition town grant 사업을 2009년 초부터 시작했다. 영국 남서부의 조그만 도시 토트네스에서 시작된, 석유 고갈 위험에 대응해 지역사회의 복원력resilience을 확보하기 위한 전환

Ⅴ 협동조합의 에너지절약 성적표
― 『지속가능성 보고서』

영국의 협동조합그룹은 6백만 명의 조합원이 참여하는 대표적인 소비자협동조합 연합체이다. 이들은 한국의 대기업들이 내는 것과 외형상으로 비슷해 보이는 『지속가능성 보고서』Sustainability Report를 매년 발간하고 있다. 이 보고서를 통해서 협동조합이 사회적 책임성, 생태적 지속가능성, 그리고 협동조합이 천명하는 가치에 대해서 어떻게 기여하고 있는지를 보여주고 있다. 예를 들어 생태적 지속가능성 항목을 보도록 하자. 협동조합그룹은 2010년까지 사업 과정에서 사용하는 에너지를 2006년 대비 20퍼센트까지 저감하겠다는 목표를 세웠는데, 2010년에 29퍼센트를 저감하는 실적을 달성했다고 보고하고 있다. 그러나 재생에너지로 전체 사용량의 15퍼센트를 채우겠다는 목표 달성에는 실패해서 2.1퍼센트에 그치고 말았다. 새로운 풍력발전이 건설되고 나면 상황이 나아질 것으로 예측하고 있다. 한편 협동조합그룹에서 가장 중심적인 식품 부문(전체 순수입의 58.4퍼센트)의 배송 마일리지와 온실가스 배출량을 2005년 대비 15퍼센트를 감축하겠다는 목표는 쉽게 달성하여, 각각 21퍼센트와 20퍼센트의 감축 성과를 이뤄냈다.
(Co-operative Group, 2010)

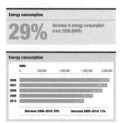

도시 운동을 다른 지역으로 확산할 수 있도록 지역 주민들을 지원하는 사업이다. 지역사회의 기후변화 대응 활동을 지원하는 협동조합그룹의 활동은 학교 녹색에너지 사업에서 특히 두드러진다. 협동조합그룹은 지역사회의 중심적인 공간이 되고 있는 학교에 주목하여, 2009년 9월까지 160개의 학교에 태양광발전기를 비롯하여 재생에너지 설비를 지원하였다.

큰 질문! 협동조합의 지구를 위한 정치적 행동이 필요하다

그러나 이것으로 협동조합의 역할은 충분할 것일까? 협동조합그룹의 밥 벌튼 대표는 환경단체인 '지구의벗' Friends of the Earth, FoE 으로부터 주의 깊게 들은 이야기를 동료 협동조합운동가들에게 전하였다. '지구의벗'은 벌튼 대표에게 "협동조합과 조합원들의 노력은 환영할 만한 것이지만, 그것만으로는 문제를 해결할 수 없다. 정부에 의한 결정적인 행동이 필요하다"고 조언했다. 그와 같은 조언은 협동조합의 기후변화 대응을 위한 세 번째 전략으로 구체화되었다. 즉, 정부가 기후변화에 적극 나서도록 정치적 압력을 행사하는 데 협동조합이 참여해야 한다는 것이다.

이런 전략에 따라 협동조합그룹에 참여하고 있는 협동조합은행은 2005년 12월부터 '지구의벗'과 함께, 기후변화에 대한 정부의 적극적인 역할을 촉구하는 대규모 캠페인 '큰 질문' The Big Ask 을 벌였다. 이 캠페인은 영국 정부가 기후변화법을 제정하도록 촉구하는 데 초점을 맞춘 것이었는데, 협동조합은행은 자신들의 매장을 방문한 조합원들과 이용자들 1만 6천 명이 자기 지역구의 국회의원들에게 법안을 지지하도록 요구하는 편지를 보내는 데 동참시켰다. 그 후에도 '지구의벗'과 함께 협동조합은행은 캠페인을 계속 지원했다. 결국 2008년 기후변화법이 제정되면서 캠페인은 성과를 얻었는데, 이 법에 따르면 영국은 2050년까지 1990년대 대비 80퍼센트의 이산화탄소 배출을 저감하도록 되어 있다.

영국 협동조합그룹의 정치적 행동은 국내에만 국한되지 않고 있다. 또 하나 주목할 만한 캠페인은 2009년부터 시작한 '독성 연료 캠페인'Toxic Fuel Campaign이다. 이 캠페인에서 말하는 독성 연료란 주로 캐나다와 미국에서 채굴되고 있는 타르샌드tar sands와 셰일가스shale gas를 말하는데, 이것들이 지역 생태계의 파괴, 원주민 피해 그리고 온실가스의 추가적 배출 등의 문제를 일으키고 있다는 것이다.

영국의 협동조합그룹은 타르샌드 개발로 피해를 받고 있는 캐나다 엘버트 지역의 원주민 공동체가 그들의 권리를 지키는 것을 돕기 위해 조합원과 고객들과 함께 2010년에 20만 파운드를 지원하였다. 협동조합은 원주민 공동체를 위한 재정적 지원뿐만 아니라, 세계야생기금WWF 등의 환경단체들과 함께 타르샌드로부터 얻어진 연료를 유럽에 수출하지 않도록 유럽 의원과 영국 교통부 장관을

> ### Ⅴ '독성 연료',
> ### 타르샌드와 셰일가스란?
>
> 대륙이나 해양에서 수직 방향으로 관정을 뚫어서 얻어내는 전통적인 석유
> 나 가스가 점차 고갈되어가자, 독특한 매장埋藏 형태로 인해 이전까지는
> 경제성이 없어서 채굴하지 않았던 타르샌드와 셰일가스가 대안적인 에너
> 지로 주목받고 있다. 그러나 타르샌드는 모래와 뒤섞인 점유질의 석유로
> 서 거대한 숲을 갈아엎고 토양을 채굴한 뒤 열과 화학처리를 한 뒤에 통
> 상적인 석유를 얻을 수 있다. 또한 셰일가스는 지하 깊숙이 위치한 혈암층
> 의 자그마한 틈새에 분포되어 있어, 이를 채굴하기 위해서는 혈암층까지
> 파고 들어가 엄청난 양의 화학물질을 물과 모래와 함께 고압으로 쏟아 부
> 어야 얻어낼 수 있다.
> 이와 같은 채굴 방식은 통상적인 석유나 가스 개발 이상으로 생태계와 지
> 역사회를 파괴하고 있어서 '독성 연료'라는 비판을 받고 있다. 또한 이 연
> 료들은 전통적인 연료에 비해서 채굴 과정 등에서 에너지 소비가 많아서
> 온실가스 배출량도 더 큰 것으로 알려져 있다.

만나 설득하는 등의 캠페인을 벌이고 있다. 또한 협동조합은행들은
다른 사회적 투자자들과 함께 타르샌드 개발에 참여하고 있는 브리
티쉬 페트롤BP이나 로열 더치 쉘Royal Dutch Shell 등의 연차 총회에서 개
발사업의 영향과 대안을 제시할 것을 요구하는 주주 결의안을 제출
하여 압박하고 있기도 하다. 영국 협동조합그룹은 '독성 연료 캠페
인' 이외에도, 재생에너지 확대에 필요한 핵심적인 제도인 발전차

액지원제도 연대조직의 일원으로 참여하면서, 에너지기후부 장관, 총리 그리고 국회의원을 대상으로 한 캠페인을 전개하고 있다.

윤리적 딜레마? 협동조합의 탄소상쇄 상품 이용

영국 협동조합그룹의 『지속가능성 보고서』를 보면, 온실가스 배출에 대한 정보를 찾아볼 수 있다. 2010년까지 2006년 대비 '총Total gross 이산화탄소 배출량'을 35퍼센트나 감축하는 놀라운 성과를 전하고 있다. 그런데 별도의 지표가 하나 더 제시되고 있다. '순Total net 이산화탄소 배출량'이라는 것을 따로 계산하고 있는 것이다. 이것은 무엇일까? 협동조합그룹은 재생에너지를 통해서 만들어진 전력을 사용하고 있기 때문에, 자신들이 배출한 총 이산화탄소 양에서 재생에너지로 생산한 전력만큼의 이산화탄소 배출량을 빼고 다시 계산한 것이다. 이것은 합리적인 일로 보인다. 그렇다면 순 배출량은 자랑스럽게 강조할 만한 일이라고 생각된다. 이 지표로 보면 영국의 협동조합그룹의 이산화탄소 감축량은 2006년 대비 68퍼센트에 이른다. 대단한 일이고 크게 자랑할 일이 아닐 수 없다.

그러나 협동조합 그룹은 이를 크게 강조하고 있지는 않다. 왜일까? 순 배출량을 계산하는 방법을 좀더 구체적으로 들여다볼 필요가 있다. 이들이 순 배출량을 계산할 때 포함시키는 것은 재생에너지 생산뿐만 아니라 '탄소상쇄'라는 것도 포함시킨다. 예를 들어,

인도와 같은 제3세계 국가에서 나무를 심는 데 투자하였다면 그로 인해 대기 중으로부터 제거한 이산화탄소 양도 함께 빼고 계산하는 것이다. 가난한 나라에서 좀 더 싼 비용으로 이산화탄소 배출을 저감(혹은 흡수)할 수 있다면, 이를 지원하고 그로부터 얻어진 감축량을 부자 나라 기업들의 감축 실적으로 인정해주는 상쇄 메카니즘을 이용하는 것이다. 물론 협동조합그룹은 자신들이 에너지 사용을 줄이는 것을 우선순위에 두고 있지만, 더 줄일 수 없는 에너지 사용량은 '탄소상쇄' 프로젝트에 투자하는 것으로 해결하겠다는 구상을 가지고 있는 것이다. 게다가 이런 탄소상쇄는 개발도상국 지역 공동체에 대한 지원의 성격도 가지고 있다고 여겨진다. 따라서 『지속가능성 보고서』는 2012년까지 탄소상쇄를 통해서 '탄소중립'carbon neutral을 달성하겠다는 야심찬 목표를 제시하고 있다.

그런데 문제는 이 '탄소상쇄'가 축복받고 있다기보다는, 국제적으로 논란에 휩싸여 있다는 점이다. 자국에서 감축해야 할 온실가스를 가난한 개발도상국의 몫으로 미루며 돈으로 자신의 책임을 해결하려 하는 '기후변화 면죄부'라는 비판에서부터, 탄소상쇄 프로젝트를 운영하는 과정에서 운영자의 이해관계에 의해 실제 목표로부터 멀어지고 있다는 지적, 나아가 오히려 개발도상국의 지역 공동체에 피해를 주고 인권을 침해하는 부작용도 낳고 있다는 비판까지 이어지고 있다. 이런 논란이 부담스러워서일까? 일부에서는 부정이 발생하지 않도록 엄격하게 관리하고 개발도상국의 지역 공동체에 실제 도움이 될 수 있도록 '영리하게 활용'할 수 있는 가능성을 제기하고 있지만, 그 가능성이 현실화되기 위해서는 협동조합의 민주적 통제 원칙이 원활히 작동되는 것과 함께 조합원들의 민감한 윤리 의식이 요구될 것으로 보인다.

가까운 먹을거리,
유기농업이 기후를 보호한다
— 한국 생활협동조합의 사례

생협에 가입하면, 온실가스를 줄일 수 있다고?

아침부터 하늘이 잔뜩 흐리고 비가 오락가락하는 날씨. 시흥시청과
그 지역에서 활동하는 한 생활협동조합이 주최하는 평생학습 프로
그램의 하나로 '기후변화와 농업·먹을거리'를 주제로 강의가 열리
고 있었다. 좁지 않은 강의실이지만 많은 주부들이 강의실을 가득
메우고 있었다. 기후변화에 관한 강의를 들어본 적이 있냐는 강사
의 질문에 대부분이 처음이라고 답했다. 강사는 교육생들의 흥미를
끌 요량으로 OX퀴즈를 시작했다. "소의 방귀와 트림은 지구온난화
를 빠르게 한다?"는 질문에 몇몇 주부들은 소녀처럼 까르르 웃지
만, 대부분의 교육생들은 "오!"라고 외친다. 개중에는 머리 위로 팔
을 동그랗게 말아 올리며 재밌어 했다. "맞습니다. 반추동물의 위

에서 나오는 메탄은 대표적인 온실가스인 이산화탄소보다 25배나 강한 온실효과를 만들어냅니다." 기후변화 강의를 들어본 경험이 없다고는 하지만, 언론 기사 등 어디선가 관련 정보를 접한 적이 있었던 것 같다. 덧붙여 수출용 낙농업이 크게 발전한 뉴질랜드에서 2000년대 중반에 '방귀세'를 신설하려고 했다가 농민들의 거센 저항을 받았다고 설명하자, 그런 이야기는 처음인지 신기해 하며 눈을 동그랗게 뜨는 사람도 있다.

그렇다면 이것은 어떨까? "가까운 먹을거리는 언제나 온실가스 배출량이 가장 적다?" '언제나'가 들어간 문장은 중고등학교 내내 학생들을 현혹했던 함정형 질문의 전형. 주부들은 유쾌하게 "엑스!"를 외친다. 가까운 먹을거리라고 하더라도 비료와 농약을 뿌려대는 농산기업 중심의 관행농업으로 생산한 농산물과 유기농업으로 생산한 농산물의 온실가스 배출량은 다를 수밖에 없다. 캘리포니아의 오렌지보다 제주도의 감귤이 농장에서 식탁까지 오는 이동 거리가 짧으며 그만큼 온실가스 배출량이 적다는 것도 잘 맞췄으며, 육식보다는 채식이, 붉은살 고기보다는 흰살 고기가 사육 과정에서 더 많은 사료와 물, 그리고 에너지가 들어간다는 것도 잘 알고 있었다.

한바탕 웃음과 함께 OX퀴즈를 마친 후 강사는 솔직히 이야기한다. "사실 함께 풀어본 OX퀴즈 10개 중에서 7~8개를 맞추셨다면 이 강의를 더 들을 필요는 없을 것 같습니다." 강사는 기후변화

를 막기 위해서 농사를 어떻게 짓고, 먹을거리를 어떻게 소비해야
하는지 이제 다 잘 알고 있으니, 문제는 실천이라고 이야기했다.
"여기 오신 분들 모두 생협 조합원이시죠? 생협에 가입해서 조합원
이 된 것은 온실가스를 줄이는 데 이미 동참하고 있는 것입니다."
기후변화 교육을 하다 말고 느닷없이 생협 가입을 권유하는 것이
되었다. 나름 분명한 이유가 있다. 천천히 살펴보도록 하자.

친환경농업의 확대, 생활협동조합의 성장

한국의 생활협동조합은 유기농업을 실천하면서 농업과 농촌을 살
리려는 생산자 농민들과 먹을거리의 안전에 관심이 많은 도시 소비
자들의 상호 연대와 협력 속에서 태어나고 성장했다. 한살림이 대
표적이다. 생활협동조합의 조합원이 늘고 생활재의 공급액이 증가
하는 것과 함께 한국의 유기농업을 비롯한 친환경농업도 크게 성
장했다. 한국에서 친환경농업이 성장한 데에는 생협의 역할이 상
당했다.

  그런데 친환경농업 특히 유기농업은 안전한 먹을거리를 생산
하고 농업 생태계를 보호하는 역할뿐만 아니라, 최근 들어 기후변
화를 야기하는 이산화탄소를 저감하는 데도 큰 기여를 할 수 있다
는 점이 강조되고 있다. 영국의 대표적인 유기농업단체인 토양협회
Soil Association가 발간한 2009년도 보고서는 농업이 가진 기후변화 완

한국 친환경농업의 현황

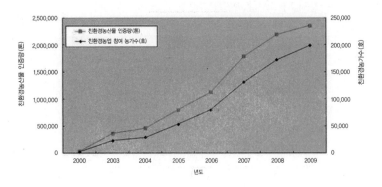

출처: 김창길 외(2010)에서 가공

화잠재력의 90퍼센트가 이산화탄소를 토양으로 격리시키는 효과로부터 나오는데, 이에 대해서 저평가되고 있다고 주장하고 있다. 이들은 북유럽에서 진행된 연구 결과를 통해 비유기농업에 비해 유기농업으로 경작된 땅이 평균 28퍼센트의 높은 토양탄소량을 보여주고 있다고 밝히고 있다. 만약 영국에서 유기농업이 광범위하게 도입된다면 농업에서 나오는 온실가스 배출량을 최소한 23퍼센트 감소시킬 수 있다고 주장하고 있다.

이산화탄소 격리 효과가 높아서 기후변화를 완화시키는 데 기여할 수 있다는 유기농업이 우리나라에서는 얼마나 발전하고 있을까? 아직 만족스러운 상황이라고는 할 수 없지만, 비약적으로 성장하고 있는 것은 분명하다. 2000년대 초반까지는 존재 자체도 미미했던 유기농업을 비롯한 친환경농산물의 생산량이 비약적으로 증가해서, 2009년에 생산된 친환경농산물은 236만여 톤으로 전체 농산물의 13.1퍼센트를 차지하고 있다. 또한 친환경농업에 참여하는 농가수도 약 20만 가구로 전체 농가 중 16.6퍼센트를 차지하며, 친환경작물 재배 면적도 20만 4천 제곱미터로 넓어져 경지 전체 면적의 11.6퍼센트를 차지하게 되었다. 이러한 추세는 현재에도 계속되고 있다. 이렇게 친환경농산물의 생산량이 증가하는 것은 그만큼 안전한 먹을거리에 대한 소비자들의 관심과 요구가 증가하고 있다는 것을 말해주는 것이기도 하다. 실제로 친환경농산물 시장도 급속히 확대되고 있다. 2009년도에는 시장 규모가 3조 4천억 원에 달하는 것으로 기록되었는데, 2008년도의 3조 2천억 원에 비해 6.9퍼센트 증가한 것이다. 한편 2008년의 시장 규모는 2007년도의 2조 2천억 원에 비해 46퍼센트나 비약적으로 성장한 것이었다. 이러한 성장 추세는 앞으로도 크게 달라지지 않을 것으로 전망되고 있다.

이렇게 친환경농산물의 소비가 확대되어온 데에는 생활협동조합이 중요한 역할을 했다고 평가할 수 있다. 관행농법으로 지어진 농산물, 특히 멀리 외국으로부터 수입된 농산물이 얼마나 위험할 수 있는지, 그래서 우리 땅에서 지어진 친환경 유기농산물이 왜 필요한지에 대해 널리 알리면서 소비자들을 일깨우는 데 크게 기여했다. 친환경농산물의 생산과 소비가 시작된 초기 단계에서 생활협동조합의 노력이 없었다면 지금과 같은 유기농 열풍은 존재하지 않았을지도 모른다. 전체 친환경농산물 시장에서 생협이 절대적인 지위를 차지한다고 말할 수는 없을지라도, 생협의 성장이 눈부셨다는 것은 부정할 수 없다.

대표적인 생활협동조합인 한살림의 경우를 보자. 1986년 '한살림농산'이라는 작은 쌀가게를 통해 시작된 한살림은 그동안 여러 가지 환경 변화 속에 우여곡절도 있었으나 꾸준히 성장해왔는데, 특히 2000년 중반부터 급속한 성장 추세를 보여, 2012년에는 2,560억 원의 공급액과 34만 명의 조합원을 가진 조직이 되었다. 이런 성장세는 또 다른 대표적 생협 조직인 아이쿱iCOOP생협에서도 유사하게 나타나, 2012년 기준으로 공급액 3,450억 원, 조합원 17만 명의 조직 규모를 갖추게 되었다. 이것은 2008년 이후 사회경제적으로 어려운 상황에서도 20퍼센트 안팎의 성장을 이룬 결과를 보여주는 것으로 생활협동조합의 사회적 역할과 책임, 가능성과 과제들을 함께 인식하는 계기를 마련해주었다.

딸기와 에너지배낭

기후변화 강의를 들었던 주부들이 잘 알고 있던 것처럼, 가까운 생산지로부터 나온 먹을거리가 멀리서 온 먹을거리보다 온실가스 배출량이 '항상' 적은 것은 아니다. 한겨울에 난방 연료를 때가면서 비닐하우스에서 관행농업으로 재배한 딸기가 외국에서 제철에 재배해서 수입해온 과일보다 온실가스 배출량이 적으리라는 보장은 없다. 우리의 먹을거리가 식탁에 오를 때까지 얼마나 많은 온실가스를 배출하였는지를 비교하기 위해서는 먹을거리의 생산, 가공, 저장, 수송, 판매, 조리 등의 전 과정을 따져봐야 한다.

미국 미시간대학의 연구팀이 미국 식품시스템 전체에서 소비하는 에너지 실태를 연구한 결과를 살펴보면, 농업 생산에 들어가는 에너지는 전체의 20퍼센트에 불과하며, 나머지는 운송, 가공, 포장, 식품 소매, 음식점 및 급식업체, 가정 내 냉장·냉동과 조리 등에서 80퍼센트를 차지하고 있었다. 즉 농장에서 생산된 식품이 우리 식탁에 오를 때까지 소비되는 에너지의 양이 농업 생산 과정에 소요되는 에너지의 4배나 되고, 그만큼 온실가스도 많이 배출하게 된다는 것이다. 이를 '에너지배낭'Energy Backpack이라고 재미나게 묘사하고 있기도 하다. 관행농법으로 재배된 딸기가 제 몸보다 큰 엄청난 배낭을 짊어지고 우리 집 현관문의 초인종을 누르고 있다고 상상해보라. 그러면 "딸기가 좋아~!"라고 열창하기가 쉽지 않을 것이다.

그런데 모든 식품의 에너지배낭을 풀어 놓고 하나씩 들여다보는 것은 대단히 힘든 일이다. 식품의 가짓수도 많고 각 식품마다 생산·가공·포장·저장 방법도 모두 다양하기 때문이다. 그래도 에너지배낭 안을 들여다볼 수 있는 방법이 아예 없는 것은 아니다. 푸

드마일리지Food Mileage라는 개념을 이용해볼 수 있다. 푸드마일리지
는 식품이 농장에서 소비자까지 이동해온 거리와 그 중량을 곱한
값으로 정의할 수 있는데, 중량이 많이 나가는 식품을 장거리 수송
하면 그 값이 높아지게 된다. 비슷한 중량일 경우 수송 거리가 멀면
푸드마일리지가 커진다. 예를 들어 비슷한 크기의 캘리포니아 오렌
지와 제주도의 감귤을 비교해보면 오렌지의 푸드마일리지가 상당
히 크다. 푸드마일리지를 알게 되면 수송과정에서 소비되는 에너지
의 양을 쉽게 계산할 수 있고, 배출하는 온실가스 양도 비교적 쉽게
파악해볼 수 있다.

물론 푸드마일리지로는 생산·가공·저장·조리 등에 소요되는
에너지 사용량까지는 파악하기 힘들지만, 적어도 수송과정에서 사
용되는 에너지 양만큼은 비교적 정확히 파악할 수 있다. WTO 협
정이나 FTA 등으로 확대되고 있는 농산물의 자유무역으로 인해서
푸드마일리지가 4.5배 가량 증가하고 있다는 보고를 보면, 푸드마
일리지를 통해서 식품의 에너지배낭을 들여다보는 것은 여전히 의
미 있는 일이다.

푸드마일리지를 줄여라! ─ 생활협동조합의 '가까운 먹을거리 운동'

우리의 농촌과 농업을 살리기 위해서 생산자들과 연대하여 국내에
서 생산되는 먹을거리를 소비자 조합원들에게 공급하는 것을 핵심

적인 사업으로 삼는 생활협동조합의 역할이 중요하다. 이것은 해외에서 들어오는 식품을 국내에서 생산한 가까운 먹을거리로 대체하게 되는 것이며, 그만큼 푸드마일리지가 줄어들고 온실가스 배출이 저감된다는 것을 의미한다.

한살림은 2009년도부터 '가까운 먹을거리 운동'을 펼치고 있으며, 그 결과 한살림을 이용한 조합원 전체가 이산화탄소를 2010년에 1,051톤, 2011년에는 1,089톤, 2012년에는 1,109톤을 줄였다. 이 온실가스 감축 효과를 좀 더 쉽게 느낄 수 있도록 말하면, 2010년부터 매년 소나무를 21만 그루, 21만 7천 그루, 22만 1천 그루를 새로 심은 것과 같으며, 텔레비전 보는 시간을 매년 1,656만 시간, 1,712만 시간, 1,737만 시간 줄인 것과 동일한 효과라고 할 수 있다.

소비자들이 조합원이 되어 생협을 통해 우리나라에서 생산된 가까운 먹을거리를 구매할수록, 해외의 농산물이 먼 거리를 거쳐 수입되어 오는 과정에서 배출하게 될 온실가스를 그만큼 줄일 수 있는 것이다. 한살림 조합원들은 2012년 한 해도 전년도에 비해 20톤의 이산화탄소 배출을 더 줄이는 노력을 한 셈이다. 기후변화 시대에 충분히 칭찬받을 일이다.

그래도 아직 '가까운 먹을거리 운동'에 대해 감이 오지 않을 수 있다. 한살림의 계산법을 좀 더 들여다보면 이해할 수 있을 것이다. 한살림은 '가까운 먹을거리 운동'을 하면서, 앞서 설명한 푸드마일리지 개념을 활용했다. 한살림은 쌀, 밀, 콩과 같은 주요 농산물과 이를 원재료로 하는 가공식품을 대상으로 생산지부터 소비지까지의 거리와 이동 과정 중 발생하는 온실가스를 표기해 소비자들에게 적극적으로 알린 것이다. 또한 이들 품목을 해외 주요 산지로부터 수입해 소비했을 경우를 함께 비교해 표시하고, 먹을거리 이동거리가 짧은 '로컬푸드'를 선택할 것을 제안했다. 한살림은 2010년 한 보도자료에서 "가까운 먹을거리 표지를 통해 소비자들은 물품의 겉포장에서뿐만 아니라, 자동 집계된 영수증에서 해당 물품 구입으로 인해 자신이 감축하게 되는 온실가스 양을 확인할 수 있다"고 소개했다. 현재 한살림에서는 '가까운 먹을거리 운동'을 위해 153종의 물품을 선정해 이용 활동을 하고 있다.

생협을 통하여 가까운 먹을거리를 구입하면 그만큼의 온실가스를 저감하게 된다. 노릇하게 구워서 먹기에 좋은 두부를 생각해보자. 두부를 만드는 원료인 콩의 대부분은 미국에서 들여오고 있는데, 푸드마일리지를 생각해보면 이야기는 달라진다. 미국 내 주산지인 스프링필드로부터 콩을 선적하는 뉴올리언스 항까지 트럭을 이용하여 1,236킬로미터를 이동하고, 다시 인천항까지 화물선을 이용하여 18,490킬로미터를 운반한 후에, 인천항에서 서울시청까지 41킬로미터를 트럭으로 이용하여 옮긴다고 가정해보자. 장장 19,767킬로미터의 거리를 이동하면서 운반한 트럭과 선박으로부터 다량의 온실가스가 배출되는 것이다. 420g의 두부를 미국산 콩으로 만든다고 했을 경우, 운송 과정에서 배출되는 온실가스 양은

한살림의 '가까운 먹을거리' 표지. 출처: 한살림/대전충남녹색연합(2009)

204g이나 된다. 반면에 한살림이 공급하는 두부의 원료인 콩은 충남 아산에서 생산되기 때문에, 아산으로부터 물류창고가 있는 경기도 광주를 거쳐서 서울까지 오는 이동거리는 총 139킬로미터밖에 되지 않으며, 배출되는 온실가스 양도 15g 수준이다. 결국 미국산 콩으로 만든 두부와 비교해보면, 한살림이 공급하는 국산 콩 두부의 온실가스 배출량은 7퍼센트에 불과하다(김현경 외, 2010). 생협에서 공급되는 두부를 선택하는 것이 지구를 지키는 일과 분명히 연결된다는 것을 확인할 수 있다.

한살림의 '가까운 먹을거리 운동' 만화

2011년은 더 가까워지는 먹을거리 운동의 해

겁나 먼 나라의 농산물, 겁나 먼 나라의 밥상으로?

글 유창주 · 그림 이상윤 편집 권성현

잘 알려지지 않았지만 찰스 영국 황태자는 유기농업 옹호자로 맥도날드 반대 발언으로 논란을 일으켰고

국민 건강을 위해서는 맥도날드를 금지해야...

리빙스턴 런던시장은 '런던 푸드' 계획을 통해 농민시장, 유기농 급식, 유기농 전문식당 등 다양한 운동을 전개하고 나섰다.

'런던 푸드' 계획으로 150개의 일자리 창출과

15곳의 농민장터 개설, 18개의 지역사회농업 지원프로그램을 진행하고 있습니다.

미국의 구글사에서는 'CAFE 150'을 만들어서 호응을 얻고 있다.

우리 회사 식당에선 반경 150마일(240km) 이내의 유기농제품으로만 식단을 꾸리죠.

이렇게 우리가 모르는 가운데 세계 각지에서는 먹을거리와 관련된 대안운동이 활발하게 펼쳐지고 있다.

슬로푸드

농민시장

지역사회지원농업 (CSA)

그중 가까운 먹을거리 운동은,

지역에서 생산한 먹을거리를 지역에서 소비하자는 거죠.

가까운 먹을거리 운동

한 연구조사에 따르면 지역에서 천원을 쓰면 지역 경제 전체로 볼 때 2,500원의 가치가 파생되지만 대형마트를 이용하면 1,400원 정도에 불과하다는다.

순환농법

순환경제

한 영국 가정집 식탁을 보자.

영국산으로도 언제든지 구할 수 있는 것들이군.

쇠고기는 2만1462km를 이동해온 호주산

감자는 2447km를 이동해온 이탈리아산

당근은 9620km를 이동해온 남아프리카공화국산

그렇다면 한국의식탁은?

중국산양파, 당근, 마늘, 생강은 910km를 이동,

오우~ 세계화!

호주산쇠고기, 양배추는 8330km,

미국산 오렌지는 9600km,

칠레산포도는 2만km를 이동

146

한살림의 '가까운 먹을거리 운동' 만화

2011년은 더 가까워지는 먹을거리 운동의 해

겁나 먼 나라의 농산물, 겁나 먼 나라의 밥상으로?

글 유창주 · 그림 이상윤 편집 권성현

출처: 『한살림대전』 2011년 3월, 통권 22호, http://dj.hansalim.or.kr/files/2012/02/handj22.pdf

> ### V 유리병 재사용을 통한
> ### 온실가스 배출 감축
>
> 생협의 온실가스 배출을 줄이기 위한 노력으로 '가까운 먹을거리 운동' 외
> 에 공급 물품에 사용되는 유리병을 재사용하는 운동도 있다. 한살림은
> 2010년부터 500㎖ 규격화병과 주스병을 재사용하는 운동을 추진하고 있
> 는데, 매년 각각 23.7퍼센트와 59.5퍼센트의 회수율을 보여주고 있다. 유
> 리병을 재사용할 경우 새로 병을 제작하는 경우에 비해 병당 300g과
> 405g의 이산화탄소 배출을 저감할 수 있다.
> 한살림은 2012년 한 해 동안 11만 7,233개의 병을 재사용하면서, 42.2톤
> 의 이산화탄소 배출을 저감하는 데 성공하였으며, 안성에 새로운 물류센
> 터를 건립할 때 재사용병 세척시설을 만들어 유리병 재사용 운동에 조합
> 원들의 보다 적극적인 관심과 참여를 안내할 예정이다.

에너지 이용 효율화를 위한 협동조합의 노력과 우리 현실

'가까운 먹을거리 운동'과 같이 생활협동조합이 칭찬 받을 일도 많
이 있지만, 앞으로 노력을 통해 개선해야 할 부분도 적지 않다. 그
중 하나가 생협이 사업을 운영하는 과정에서 소비하는 에너지의 효
율성을 높이고 온실가스 배출을 저감하는 일일 것이다.

　　앞서 소개한 영국의 소비자협동조합인 '협동조합그룹'은 2010
년에 2006년 대비 에너지 소비량을 29퍼센트 절감하였으며, 2005년
에 비해서 식품의 배송 마일리지는 21퍼센트, 온실가스 배출량은

20퍼센트를 감축했다고 보고하고 있다. 즉 생협이 수입농산물을 대체하여 온실가스 배출을 줄이는 것뿐만 아니라, 자신들의 사업 및 활동 분야에서 사용해오던 에너지의 이용을 줄이고 효율화해서 온실가스 배출량을 줄이려는 노력을 기울이고 있는 것이다.

이런 점에서 한국의 생협 단체들이 고민해야 할 부분이 많다는 것을 알 수 있다. 조합원이 늘어나고 공급하는 생활재의 양이 증가한다면 생협의 성장이라는 측면에서 반길 일이지만, 그러한 과정에서 에너지 사용량도 늘어나고 배출하는 온실가스의 양도 늘어난다면 이런 현실을 어떻게 받아들여야 할까? 참으로 고민이 필요한 부분이다.

아직까지는 한국의 대다수 생협들이 자신들의 사업과 활동 과정에서 에너지 이용을 효율화하고 온실가스 배출을 저감하는 데 대한 인식과 노력이 충분치 않다. 조직을 운영하고 사업을 펼치는 데 얼마나 많은 에너지를 사용하고 있는지, 온실가스는 어느 정도로 배출하고 있는지 정확히 파악하지 못하는 경우가 대부분이다. 이런 문제에 가장 앞선 관심을 가지고 있는 한살림의 경우를 보더라도 마찬가지다.

한살림이 운영하는 전국 매장에 대해 에너지 사용 실태를 조사한 적이 있는데, 당시 조사 대상이었던 68개 매장에서 월 평균 사용하는 전력량은 4,502kwh이며 전기요금 납부액은 44만 7천여 원이었다. 한여름에는 평균 6,000kwh의 전력량을 넘어서고 평균 전기요금도 74만여 원에 달했다. 하지만 이 조사는 한살림이 운영하는 전국 매장 중에서 전력사용량이나 납부한 전기요금 등에 대한 자료를 확보할 수 있는 68개 매장을 대상으로 한 것이고, 파악한 에너지 사용량도 전력에 국한되었다. 매장의 난방에 이용되는 도시가스나 유류 이용량은 파악이 쉽지 않았던 탓이다. 결국 한살림의 전국 매장에서 배출하는 온실가스 배출량을 산출하기 위해서는 보다 구체적이고 체계화된 자료들이 필요하다. 당시 조사에서는 2009년 10월부터 2010년 9월까지 1년치의 정보를 가지고 분석한 것으로, 연간 변화 추이도 파악하기 힘든 상황이다. 이런 가운데 주요 생협들의 공급액이 늘고 빠른 성장 추세를 유지하고 있기 때문에 매장에서의 평균 에너지 사용량도 증가할 수밖에 없어, 앞으로 구체적인 조사와 확인 노력이 필요하다.

여름철에 긴팔 옷을 입는 생협의 매장 활동가들

그렇다면 생협 매장에서 에너지 이용의 구체적인 실태는 어떨까? 생협 활동가들의 이야기를 들어보자. 생뚱맞다고 생각할지 모르겠지만, 매장에서 일하는 생협 활동가들은 겨울철은 물론 여름철에도 춥다고 말한다. 대체 무슨 일일까? 문제는 냉동과 신선식품을 보관·진열하고 있는 냉장고에 있었다. 단열이나 기밀이 잘 되지 않는 냉장고에서 신선식품이 상하지 않도록 냉장고 온도를 많이 낮추는데, 이때 냉장고에서 빠져나가는 냉기가 매장의 온도를 떨어뜨려 활동가들을 춥게 만들고 있는 것이다. 외부로 냉기가 빠져나가지 않도록 냉장고 앞에 투명 가림막을 할 수도 있는데, 이것이 소비자 조합원들의 물품 구매에 불편함을 주지 않을까 매장 활동가들은 우려하고 있었다. 그래서 매장 활동가들이 방편으로 선택한 것이 여름에 긴팔 옷을 입는 것이었다.

한국의 생협들은 매장의 에너지 사용 효율을 높이고 절약하기 위한 구체적인 지침이나 계획을 아직 마련해 놓고 있지 못한 실정이다. 새로 매장을 개설하거나 수리할 때 에너지효율을 적극 고려하고, 매장에 냉장고 등 전기제품을 설치할 때도 에너지효율에 대한 기준을 가지고 관리할 필요가 있다. 뿐만 아니라 매장을 운영하는 활동가들에게도 기후변화 시대에 에너지효율의 필요성과 구체적인 방법에 대해 교육 프로그램을 지속적으로 운영할 수 있어야 한다. 물론 이런 일들은 모두 비용을 수반하는 일이지만, 장기적으로 본다면 에너지 사용을 효율화하는 것은 비용 절감에도 도움이 된다는 것을 명확하게 인식할 필요가 있다.

조합원에 대한 정보 전달과 교육도 중요하다. 진열 냉장고 앞에 냉기를 잡아주는 투명막을 설치하거나 여름철에 전면 유리창으로 쏟아지는 뜨거운 햇볕을 가려줄 블라인드를 설치해서 에너지효율을 높이는 방안들이 실행되기 위해서는 결국 매장 이용자인 조합원들의 이해와 협조가 있어야 한다. 이용자 입장에서 약간의 수고로

움이 더하는 일이지만 그것이 가지는 의미가 분명히 전달되고 공감
이 이루어진다면 매장 이용률에도 부정적이기보다 긍정적인 효과
가 나타날 수 있다. 그 구체적인 방법들에 대해 꼼꼼히 생각해보고
토론해볼 일이다.

새로운 도전,
협동조합으로 에너지를 생산한다
— 에너지협동조합의 사례

2012년은 '세계협동조합의 해'이자 '지속가능한 에너지의 해'

2012년은 유엔이 정한 '세계협동조합의 해'였다. 최근 금융위기로 대부분의 나라에서 경제가 휘청거릴 때, 협동조합이 보여준 저렴하고 안정적인 재화와 서비스의 공급 능력과 고용 창출 효과는 전세계 많은 사람들에게 깊은 인상을 주었다. 특히 유럽을 강타한 경제위기 속에서 협동조합은 지역사회의 경제를 떠받치는 버팀목이 되어주었다. 경쟁이 아닌 협동에 기반을 둔 협동조합은 투자자의 이윤을 추구하기보다 조합원의 복리와 지역사회의 일자리를 실현하는 사업체로서 가능성을 평가받고 있다.

한국에서도 농업을 지원하면서 안전한 먹을거리를 공급하고 일자리의 창출에서도 상당한 효과를 내고 있는 생활협동조합의 경험들을 통해 협동조합운동의 가능성을 새롭게 주목하고 있다. 신자유주의적 세계화의 흐름 속에서 경제적 고통을 겪고 있는 사람들에게 협동조합이 과연 먹고살아가는 삶의 문제를 어떻게 해결해줄 수 있을지 많은 이들이 궁금해 하고 기대하고 있다. 그리고 최근 한국에서 통과된 협동조합기본법은 협동조합에 대한 사회적 관심과 기대에 불을 붙여 놓았다.

한편, 2012년은 유엔이 정한 '모든 이들을 위한 지속가능한 에너지의 해'이기도 했다. 전세계 사람들이 사용하는 에너지의 절대량은 점점 더 늘어나지만, 에너지 공급과 소비의 지속가능성은 점점 더 의문시되고 있는 것이 현실이다. 이미 석유 생산이 수요를 따라가지 못하는 '석유정점'을 지나 점차 고갈되는 시기로 넘어서고 있다는 예측이 계속 나오는 가운데, 석유나 석탄과 같은 화석에너지를 다 캐낼 수 있다고 하더라도 이것을 태워 에너지를 얻을 때 나오는 온실가스 배출로 인한 기후변화 때문에라도 에너지 사용을 줄여야 한다는 주장이 널리 받아들여지고 있다. 한마디로 지금과 같이 에너지를 생산하고 소비하는 것이 더 이상 가능하지 않다는 것이다.

이렇게 한편에서는 지나친 '에너지 과잉'을 걱정하고 있지만, 다른 한편에서 전세계 인구의 상당수는 '에너지 결핍'으로 고통받고 있다. 유엔은 근대적인 에너지라고 할 수 있는 전기를 이용할 수 없는 인구가 지구 전체적으로 13억 명 정도로, 세계 인구의 5분의 1

에 해당한다고 설명하고 있다. 뿐만 아니라 세계 인구의 거의 40퍼센트에 해당하는 사람들이 음식을 만들기 위해서 나무, 석탄, 동물 배설물 등을 태우고 있으며 그때 나오는 연기로 인해서 여성과 아이들이 각종 폐질환을 앓고 있으며 일찍 죽고 있다고 한다. 따라서 에너지의 과잉과 결핍이 동시에 발생하는 상황을 극복하고, 모든 사람들이 지속가능한 에너지로 건강을 유지하고 삶의 질을 높여야 한다는 것이 유엔의 주장이다.

지속가능한 에너지를 위해 협동조합이 나선다

그렇다면 "모든 이들을 위한 지속가능한 에너지"를 위해 협동조합은 과연 어떤 역할을 할 수 있을까? 국제협동조합연맹은 2009년 총회에서 「지속가능한 에너지 경제를 위하여」라는 결의문을 채택하였다. 이 결의문에서 국제협동조합운동 진영은 에너지 문제에 대한 자신들의 인식을 명확히 드러냈다. 그들이 보기에 최근 들어 에너지 가격이 상승하고 기후변화로 농업 생산이 영향을 받으면서 경제 위기가 더욱 심화되고 있는 상황이지만, 국가나 국제적인 차원에서 정부나 기업들의 정책 결정자들은 에너지 안보 및 기후변화 같은 위기를 해결하고 세계 경제를 안정화시키는 데 필요한 명확한 비전과 행동 계획을 가지고 있지 않다. 따라서 이런 위기를 해결하는 데 있어 에너지효율을 높이고 재생에너지를 확대하려는 노력이 필요하며, 국제협동조합운동이 이에 앞장서야 한다고 결의한 것이다.

특히 아프리카 협동조합운동가인 쿠리아 씨는 2009년도 국제
협동조합연맹 총회에서 한 연설에서 국제협동조합연맹의 역할을
다음과 같이 강조하였다. "국제협동조합연맹은 재생가능하고 지속
가능한 에너지를 이용하는 청정기술을 위한 핵심적인 역할을 할 수
있다고 강하게 믿고 있다. 국제협동조합연맹은 정보와 자원의 센터
로서 역할을 할 수 있으며, 많은 조합원들이 그러한 기술에 접근할
수 있는 능력을 향상시킬 수 있다. 만약 협동조합이 그런 역할을 하
지 않는다면 조합원들의 대부분은 그런 기술이 있는지조차 모를 수
도 있다." 그러면서 그는 국제협동조합연맹의 다섯 번째 원칙을 상
기시켰다. "협동조합은 기후변화에 대한 인식을 개발하고 확장하
는 데 교육, 훈련 그리고 정보에 관한 다섯 번째 원칙을 효과적으로
실행해야만 한다"는 것이다.

그런데 국제협동조합운동 진영이 에너지효율을 높이고 재생에
너지 확대를 위해서 나서겠다고 결의한 것이 단순히 기후변화와 같
은 환경적인 문제만을 해결하고자 하는 것은 아니다. 그들은 결의
문에서 '에너지 민주화'라는 용어를 제시하였다. 그렇다면 협동조
합운동가들이 생각하는 '에너지 민주화'라는 것은 무엇일까? 그들
은 에너지 생산과 소비에 관해서 "지역 주민들이 멀리 떨어진 (정
부와 기업의) 의사결정자의 뜻에 덜 종속"되는 것이라고 생각하고
있다. 지역에 자리 잡고 있으며 공동체에 의해서 소유·통제되는

협동조합의 사업체를 통해서 지역 주민들이 에너지의 공급과 소비에 대한 통제를 강화하면, 중앙집권적이며 독과점화된 거대 에너지 기업 — 그것이 국유화된 기업이든 아니면 사적 기업이든 — 으로부터 자율성을 확보할 수 있다고 믿고 있다. 그러한 에너지 민주화는 경제적으로 지속가능한 발전을 실현하는 데도 필요한 일이라고 생각한다.

에너지협동조합은 왜 만들어졌는가 — 미국과 아르헨티나의 사례

20세기 전반기 미국의 거대 전력회사들은 이익이 나지 않는다는 이유로 농촌 지역에 배전망을 건설하고 전력을 판매하는 것을 회피하였고, 그 결과 1930년대 중반 농촌 가정의 거의 90퍼센트가 전력망에 연결되어 있지 못했다. 이런 상황에서 벗어나기 위해 농촌 주민들은 스스로 협동조합을 만들고 직접 배전망을 건설하여 에너지를 공급받으려 하였다. 마침 루즈벨트의 뉴딜 정책의 일환으로 마련된 농촌 전력화 사업 기금을 활용할 수 있게 되면서, 협동조합을 통한 농촌 전기화 사업은 큰 성공을 이룰 수 있었다.

유사한 역사가 아르헨티나 에너지협동조합에서도 발견된다. 아르헨티나의 에너지협동조합은 정부의 보조금이나 잘 발달된 전력망이 없는 상황에서도 성공을 이어갈 수 있었다. 전력협동조합은 1926년에 처음으로 설립되었는데, 푼타알타전력협동조합Cooperativa

Electrica de Punta Alta은 거대 전력회사가 농촌 지역을 외면하고 있는 것에 대해 불만을 가지고 만들어졌다. 아르헨티나에서 농촌 전력 공급에 관한 국가적 계획이 처음 나온 것은 1970년의 일이었고, 그 공백을 협동조합이 채웠다. 2005년까지 아르헨티나 농촌 전력의 58퍼센트가 협동조합에 의해서 공급되었다.

이와 같은 사례는 국제협동조합연맹이 채택한 에너지 문제에 관한 결의문이 결코 갑작스러운 것이 아니라는 점을 보여준다. 에너지의 생산과 소비 영역에서 활동하는 협동조합의 역사는 오래되었으며, 몇몇 나라에서는 에너지산업 내에서 결코 무시할 수 없는 비중을 차지하고 있다.

에너지협동조합에 관한 오랜 역사를 가진 미국은 협동조합을 통해서 전력을 공급하는 인구가 전체의 12퍼센트에 달할 정도로 에너지(전력)협동조합의 비중이 크다. 65개의 발전 · 송전협동조합Generation & Transmission Coop.과 841개의 배전협동조합distribution Coop.은 47개 주의 4천 2백만 명에게 전력을 공급하고 있고, 이 사업을 위해 7만 명을 고용하고 있다. 전력협동조합은 미국 배전망의 42퍼센트를 소유 · 관리하고 있는데, 이는 미국 에너지협동조합의 역사와 긴밀히 연계되어 있다. 성공적으로 발전한 미국의 전력협동조합은 21세기에 들어 에너지효율화와 재생에너지 확대라는 도전에 나서고 있다. 사실 2009년을 기준으로 미국 배전협동조합이 공급하는 전력의 58퍼센트는 석탄발전소에서 나오고 있으며, 심지어 17퍼센트는 원자력발전에서 만들어지고 있다. 그러나 지속가능한 에너지의 제공을 위한 미국 협동조합들의 변화는 계속되고 있다. 2005년 기준으로 지역 전력협동조합의 88퍼센트는 재생에너지원으로 발전된 전력을 제공하고 있고, 판매하는 전력의 11퍼센트는 재생에너지원에서 나오고 있다. 또한 92퍼센트의 협동조합이 소비자에게 에너지 보존 교육을 실시하고, 77퍼센트가 이용자에게 에너지절약 감사energy saving audit를 제공하고 있다.

유럽의 에너지협동조합과 재생에너지 확대

한편, 에너지협동조합의 역사가 상대적으로 짧은 유럽은 시작부터 재생에너지 전환이라는 목표를 분명히 하고 있다. 비극적인 체르노빌 핵 사고를 경험하면서 재생에너지를 확대하겠다는 결의를 다진 후 재생에너지 강국이 된 독일에서도 에너지협동조합의 활약은 두드러진다. 그 역사는 1999년 그린피스에너지협동조합Greenpeace Energy eG이 결성된 것에서 비롯된다. '그린피스에너지'는 2만 명의 조합원과 10만 명 이상의 고객을 가진, 독일에서 가장 큰 에너지협동조합으로 성장하면서 10년 이상 적정한 가격으로 녹색에너지를 조합원과 고객들에게 생산·공급하고 있다. 그린피스에너지뿐만 아니라 많은 협동조합들이 독일의 혁신적인 재생에너지 지원 정책인 '발전차액지원제도' Feed in Tariff, FIT를 활용하면서 결성되고 성장하였

태양광발전이나 풍력발전 등과 같은 재생에너지원을 이용하여 만든 전력을 생산 비용이 충분히 보장되도록 일반적인 전력 가격보다 상대적으로 높은 고정 가격으로 의무적으로 구입해주는 제도이다. 재생에너지원을 이용하여 전력을 생산할 경우, 현재의 전력시스템 내에서는 발전 단가가 높아서 핵발전이나 석탄발전 등과 시장에서 경쟁하기 어려운 상황이다. 재생에너지 발전 단가가 상대적으로 높은 것은 재생에너지를 이용하는 기술의 개발과 상용화가 비교적 최근에 이루어져서 규모의 경제 면에서 이점을 누리기 어렵고, 핵발전이나 석탄발전 등에는 여러 보조금이 지원되는 반면, 핵폐기물 처리나 온실가스 배출과 같은 환경적 비용은 충분히 반영되지 않아서 형성된 불합리한 결과일 뿐이다. 따라서 이를 바로잡고, 안전·환경·지속가능성 등에서 높은 장점을 가진 재생에너지를 확대하기 위해서 생산 비용을 보장해주는 제도를 만들어낸 것이다.

이 제도는 독일에서 처음 만들어졌으며, 독일이 재생에너지 강국이 되는 데 핵심적인 역할을 했다. 한국은 2002년에 도입되었다가 2011년부터 중단이 되면서, 시민들이 참여하는 소규모 재생에너지 발전사업의 활성화를 가로막고 있다. 대신 주요 발전사업자가 적정 재생가능에너지를 생산 및 구매해야 하는 의무할당제RPS, Renewable Energy Standards가 시행되고 있다.

다. 독일에서는 후쿠시마 핵 사고가 난 2011년에만 150개의 협동조합이 새롭게 결성되어 2011년 현재 586개의 에너지협동조합이 활동하고 있으며, 이들의 80퍼센트가 재생에너지로 전력을 생산할 목적으로 설립된 것이다. 예를 들어 남 헤센 주의 슈타르켄부르크 에너지협동조합은 380명의 조합원들이 2011년 12월에 2MW 풍력발전기를 설치해 전력망에 연계하였다. 한편 프라히부그르 에너지협동조합은 거대 전력회사 에온^{E.ON}의 계열회사인 Thüga AG 주식의 3~10퍼센트를 구입하여, 재생에너지원으로 전력을 생산하도록 개혁하고 있다. 이를 위해 4천 명의 조합원이 2천 2백만 유로의 출자금을 모았으며, 지역의 협동조합은행도 이에 참여할 뿐만 아니라 자문을 제공하였다.

협동조합을 통한 에너지 생산은 독일에만 국한되지 않는다. 덴마크에서는 풍력발전협동조합의 성장이 두드러진다. 덴마크가 풍력발전의 강국이 될 수 있었던 것에는 이들 협동조합의 노력이 적지 않을 것이다. 1970년대 초반 일어난 오일쇼크에 대해서 덴마크와 인접한 프랑스는 달리 반응했다. 프랑스는 석유를 대신할 수 있는 에너지로 원자력발전에 집중하였지만, 덴마크는 지역분산적인 풍력발전과 열병합발전으로 길을 잡았다. 중앙집권적인 프랑스 사회와 지역분권적인 덴마크 사회가 보여준, 당시의 극적인 선택은 40년이 지난 지금 두 국가를 기후변화와 핵이라는 또 다른 위험 앞에서 다른 위치에 서 있도록 해주고 있다. 덴마크 사람들의 40년 전 선택 중에 풍력발전협동조합도 있었다. 1970년대 단 세 가구가 풍력발전기를 함께 설치하면서 협동조합을 시작하였지만, 2000년대에 들어서면서 풍력발전협동조합은 전국적인 운동이 되었다. 10만 가구 이상의 조합원들이 참여하고 있는 덴마크의 에너지협동조합은 자국에 운영 중인 풍력터빈의 80퍼센트를 설치했으며, 이것은 전국의 에너지 수요량의 10퍼센트를 충족시키고 있다. 특히, 총용량 40MW의 풍력터빈 20개로 세계에서 가장 큰 해상풍력발전소인 미델그룬덴Middelgrunden도 협동조합이 운영하고 있다. 8천 명 이상의 조합원이 참여하는 이 협동조합은 풍력발전을 통해서 코펜하겐 전력 수요의 4퍼센트를 공급하고 있다.

에너지협동조합이 다른 협동조합을 지원한다

앤드류 킹Andrew King 씨와 그의 부인은 다섯 명의 동료들과 함께 1996년 캄브리아 지역에 풍력발전기를 설치하기 위해서 베이윈드에너지Baywind Energy라는 협동조합을 결성하였다. 이들은 지역 공동체가 풍력발전기를 소유하는 스웨덴의 모델을 영국에서 실험해보고자 하였다. 앤드류 킹 씨를 포함한 동료들은 어린 시절 이 지역에서 발생한 윈드스케일Windscale 핵발전 사고를 경험했고, 지역 공동체가 소유한 재생에너지 생산시설을 핵발전의 대안을 찾기 위한 노력으로 이해하였다. 그들은 투자한 돈을 모두 날릴지도 모른다는 생각에 반쯤은 포기하는 마음으로 일을 시작했는데 다행히도 그 실험은 큰 성공을 거두어 영국에서 가장 오래된 풍력협동조합으로 기록될 수 있었다. 베이윈드에너지는 이제 지역 주민을 포함하여 1,300여 명의 조합원이 참여하는 협동조합으로 성장했으며, 하록 힐Harlock Hill

풍력단지(총 2.5MW 용량)에 설치된 다섯 개의 풍력발전기와 인근에 있는 하베리그^{Haverigg} 풍력단지(총 2.4MW 용량)의 풍력발전기 네 개 중 하나를 소유·운영하고 있다. 하록 힐 풍력단지는 1,100가구가 평균적으로 사용하는 전력량을 생산하고 있으며, 약 4,200톤의 이산화탄소 배출을 저감하는 것으로 추정되고 있다.

베이윈드에너지협동조합은 자신들의 성공 이후, 영국 전역에 시도되는 다른 풍력협동조합의 결성과 운영을 돕기 위해서 나섰다. 베이윈드는 2002년에 자신들의 경험과 전문성을 활용하여 다른 협동조합을 지원하기 위해 '에너지포올'^{Energy4all}이라는 회사를 설립하였으며, 이를 위해 조합원들은 평균 6~8퍼센트 수준으로 받고 있는 수익금 배당의 절반을 투자하였다. 에너지포올의 활동은 지역 공동체가 풍력발전을 설치하려고 시도할 때 가능성을 스스로 검토할 수 있는 웹사이트(www.energysteps.coop) 서비스를 제공하는 것에서부터 시작한다. 그 가능성이 확인되면 에너지포올의 활동가가 이사 중의 한 명으로 참여하여 협동조합을 결성하면서 일이 본격화된다. 에너지포올은 협동조합과 함께 풍력 프로젝트 계획서를 작성하고, 지역 공동체에게 정보를 제공하고 참여를 독려하며, 풍력발전기 설비를 구입하여 건설하고, 그 시설을 장기간 안정적으로 운영하는 것을 지원한다. 특히 에너지포올의 전문성은 지역 주민들에 의한 소유와 통제를 유지하면서도 풍력 프로젝트에 필요한 재정을 확보하는 방안을 마련해주고 있다. 여기서 특히 협동조합은행의 재

영국 에너지포올 협동조합의 현황

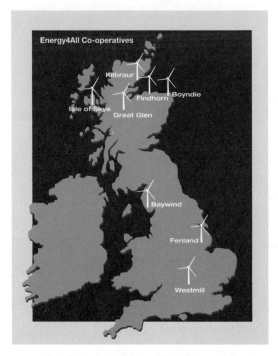

출처: the Energy4All(2010), http://filesdown.esecure.co.uk/energy4all/E4A_Brochure.pdf_ 18112010-
1304-14.pdf

정 지원이 중요한 역할을 하고 있다. 이런 방식으로 에너지포올은
영국에서 협동조합이 소유한 가장 큰 풍력단지인 웨스트밀Westmill
풍력협동조합을 비롯하여 총 일곱 개의 풍력협동조합의 결성과 풍
력발전기 설치를 지원하고 있다.

한국의 시민과 협동조합을 흔들어 깨운 후쿠시마 핵 사고

최근 들어 한국에서도 재생에너지협동조합을 결성하려는 움직임이 본격화되었다. 시민들이 십시일반 출자하여 태양광발전 설비를 설치하고 발전차액지원제도를 이용하여 한전에 전기를 판매하는 시민발전운동이 2000년대 초반부터 시작되기는 했지만, 이를 협동조합 형태로 추진하는 것은 최근의 일이다. 그 계기가 된 것은 슬픈 일이기는 하지만 일본 후쿠시마 핵 사고였다. 엄청난 규모의 대지

진과 이어진 쓰나미로 지역 주민들의 삶을 송두리째 앗아가버린 동일본 재해의 슬픔을 채 느끼기도 전에, 후쿠시마 핵발전소에서 최악의 사고가 벌어졌다. 전세계로 생중계된 후쿠시마 핵 사고 장면과 그 후 전세계로 퍼져나간 방사성 물질은 인류사회가 핵발전소와 공존할 수 있을지에 대해 심각하게 되묻는 계기가 되었다.

일본과 가장 근접한 한국 사회의 시민들이 핵발전의 위험성에 대해 각성하기 시작했고, 오랜 침체기에 빠져 있던 한국의 반핵·탈핵운동들이 다시 활발하게 활동하기 시작했다. 시민들은 후쿠시마의 방사성 물질이 우리의 먹을거리를 오염시키지는 않을지 걱정하는 것에서부터, 낡고 오래된 고리 1호기나 월성 1호기를 수명 연장시키는 것이 정말 안전한 것인지에 대한 질문을 던졌다. 그리고 최종적으로는 에너지 사용을 저감하고 효율화하며, 핵발전이나 화석에너지에 의존하지 않는 재생에너지 이용을 확대해야 한다는 인식으로 나아갔다.

한국의 협동조합들도 다른 시민사회단체들과 연대하여 '핵 없는 사회를 위한 공동행동'에 나서기 시작했다. 두레생협의 조합원들은 후쿠시마 1주년을 맞아 전국 각지에서 1인 시위를 하면서 핵발전으로부터 벗어나야 한다고 알렸으며, 아이쿱생협의 조합원들은 '탈핵버스'를 타고 고리 1호기로 달려가 노후된 핵발전소를 폐쇄하라고 요구하기도 했다. 나아가 한살림은 조합원의 뜻을 모아서 "핵발전은 생명과 공존할 수 없다"고 선언하고, 정부에게 핵발전 확대 정책을 포기할 것을 요구하였다.

한편 한살림서울은 조합원들과 함께 에너지 소비를 줄이고 '동네발전소'를 만들 것을 결의하였다. 협동조합이 핵발전소에서 벗어나기 위해서 스스로 안전하고 깨끗한 에너지를 생산하겠다고 선언했다면, 그 방법 역시 협동조합을 통해서 접근하는 것이 자연스러워 보인다. 때마침 이런 활동을 할 수 있는 여건도 형성되었다. 협동조합기본법 제정으로 협동조합에 대한 설립이 간편해졌고, 무엇보다 협동조합에 대한 사회적 인식이 크게 개선되었기 때문이다.

사실 지금까지 한국 국회는 생활협동조합을 비롯하여 몇 가지 부문의 협동조합에 관한 개별 법률만을 제정했었기 때문에, 협동조합 방식으로 재생에너지를 생산하자는 운동은 불가능하였다. 2000년대 초반에 시작된 시민발전운동이 협동조합이 아닌 유한회사와 같은 조직 틀을 가지게 된 이유이기도 하다. 그러나 협동조합기본법이 제정되면서 금융 분야를 제외하고는 어떤 분야의 사업이든 다섯 명 이상이 모이면 협동조합을 만들어 할 수 있게 되었다. 즉 에너지를 생산·판매하는 협동조합도 만들 수 있게 된 것이다. 실제로 한살림은 한국 생협으로는 처음으로 2012년 12월 25일 협동조합기본법에 의거해서 햇빛발전협동조합을 설립하고, 조합원 1,386명이 13억 원의 출자금을 모아서 경기도 안성에 새롭게 짓고 있는 물류센터 지붕 위에 470kWp 규모의 햇빛발전시설을 만드는 일을 추진하고 있다.

ⅴ 태양광발전기에 투자한
생협 조합원들

생활협동조합 차원에서 태양광발전기를 설립하여 운영한 사례는 협동조합 기본법이 시행되기 이전에도 있었다. 한살림서울생협에서는 1천 명 가량의 소비자 조합원 출자로 마련한 4천 2백만 원을 포함한 총 7천만 원의 기금으로 10kWh 규모의 햇빛발전소를 2008년 괴산에 마련했다. 이를 통해 2009년에는 9,862kWh의 전기를 생산해 한전에 판매했는데, 수익금 7백여만 원은 전액 먹을거리 빈곤층을 지원하는 데 사용하였다.

한편 한살림성남용인생협에서도 조합원 출자로 마련된 4천만 원으로 같은 해 홍천에 5kWh 규모의 햇빛발전소를 건립했다. 초기 1년간 생산된 전기는 6,439kWh였는데, 판매 수익금 460여만 원은 출자한 소비자 169명에게 총회를 거쳐 배당했다.

2011년 이전에 생협들이 이런 태양광발전기들은 비교적 쉽게 설치할 수 있었던 것은 발전차액지원제도의 도움이 있었기 때문이다.

한살림 홍천햇빛발전소 준공 (2008). 출처: http://blog.naver.com/kam530?Redirect=Log&logNo=90050887272

한살림성남용인생협의 홍천 햇빛발전소 배당 행사(2009). 출처: http://atar.tistory.com/5.

에너지협동조합, 서울시 '원전 1기 줄이기' 도전에 동참하다

최근 들어서 재생에너지협동조합을 만들려는 시도들이 다양하게 나타나고 있다. 서울시민햇빛발전협동조합을 결성하고 조합원들의 출자를 통해서 만들어진 자금으로 서울시 안에 소규모 분산적인 태양광발전소를 건설하려는 구상도 그것이다. 2012년 녹색연합과 에너지기후정책연구소 등이 함께 개최한 '원전 1기 줄이기 서울시민 워크숍'에서 에너지협동조합을 추진하던 박승옥 대표는 서울시청 및 서울시교육청과 협력하여 2012년에는 학교와 공공건물의 옥상 200곳에 총 10MW 용량의 태양광발전기를 설치하고, 2016년까지는 100MW까지 확대한다는 계획을 발표했다. 그에 따르면 한국에서 핵발전소를 없애기 위해서는 세 가지 길이 있는데, "에너지 소비를 줄이는 것"과 "재생에너지를 확대하는 것", 그리고 절대 있어서는 안 될 일이지만 "한국도 일본 후쿠시마 핵 사고와 같은 것을 경험하는 것"이 그것이며, 첫 번째와 두 번째 길을 실현하는 방법에 에너지협동조합이 있다고 하였다. 즉 시민들이 에너지협동조합을 통해 직접 출자하고 재생에너지를 만들어내는 생산자가 되면 자연스럽게 에너지 소비도 줄어든다는 것이다.

서울시의 에너지협동조합운동은 서울시의 '원전 1기 줄이기'라는 행정 목표와 만나서 상승효과를 만들어내고 있다. 작년 6월 서울시, 서울시교육청 그리고 서울시민햇빛발전소가 업무 협약을 맺는 자리에서 박원순 시장은 "석유와 석탄 같은 화석연료가 고갈되고 있는 피크오일을 넘어서서 화석연료는 한계에 이를 수밖에 없다. 후쿠시마 원전 폭발로 일본 전체가 휘청일 만큼 원전은 위험하다. 그래서 서울은 '원전 하나 줄이기'를 선언했다"고 설명하면서, 서울시민햇빛발전소와 맺은 업무 협약의 의미를 강조하였다. 한편 이 자리에서 서울시민햇빛발전소의 첫 번째 사업으로 세종문화회관 옥상에 설치할 100kW급 태양광발전소의 모형이 공개되었는데, 세종문화회관에서 1년간 소비되는 전력량의 2퍼센트 정도를 생산하게 될 것이라고 소개되었다. 에너지협동조합의 첫 번째 사업이 될 이 발전소의 건설 비용으로 예상되는 3억 2천만 원은 조합원들의 출자금으로 마련할 예정이다.

또한 서울환경운동연합도 협동조합 방식으로 태양광발전소를 설치하는 '우리동네 시민햇빛발전소' 계획을 추진 중에 있다. 서울환경운동연합의 이지언 활동가는 "올해 안에 30kW 용량 이상의 태양광발전 설비를 서울시교육청 등과 협의하여 학교 옥상에 설치하는 것을 추진 중에 있다"고 알려주었다. "그런데 학교 옥상을 임대하는 것이 생각보다 쉽지 않아서 고민이다. 대안으로 환경운동연합과 인근에 있는 참여연대 건물의 옥상을 이용하는 방안도 생각해보고 있다"고 귀띔해주었다. 서울환경운동연합은 학교 옥상의 태양광발전 설비를 재생에너지 전력을 생산하는 것 외에, 학생과 학부모, 인근 지역 주민들에 대한 에너지 교육을 위해서 활용하는 방안도 구상 중에 있다. 서울시에서 시작된 에너지협동조합의 실험과 도전이 주목받고 있다.

$\boxed{\text{V}}$ 서울시민햇빛발전협동조합, 박승옥 대표에게 묻고 듣는다

왜 에너지협동조합이고, 언제 만들어졌는가?

탈핵과 에너지 전환은 시민들이 주체로 나서지 않는 한 불가능하다. 특히 핵발전소는 단순한 에너지 문제를 넘어서서 부국강병의 핵무장 국가주의 그 자체이다. 때문에 시민 주체의 탈핵운동이 강하게 전개되지 않으면 국가는 절대로 탈핵 정책을 펴지 않는다. 탈핵운동과 에너지전환운동이 결합되어 있는 운동으로서 가장 적합한 것이 에너지협동조합운동이다. 시민들이 단순한 에너지 소비자에서 에너지 생산자가 되어야만 에너지절약이 실천으로 연결되고 탈핵 시민운동 부대가 형성된다. 2012년부터 우리나라 중앙정부가 시행하고 있는 의무할당제도를 활용하여 시민햇빛발전소 전력을 판매할 수 있는 길이 열렸다. 그래서 2012년 3월 27일 서울시민햇빛발전협동조합 창립대회를 열고, 이어 6월 13일 서울시장, 서울시교육감, 서울시민햇빛발전협동조합 이사장 등 3인이 업무협약을 체결하여, 서울시 공공기관과 학교 건물 지붕에 시민햇빛발전소를 짓는 사업을 벌이고 있는 중이다.

목표가 무엇인가?

서울 시내 공공기관과 학교 건물 지붕에 시민들의 출자금으로 시민햇빛발전소를 짓는 것이다. 이 과정에서 조합원들에 대한 탈핵 교육을 통해 에너지절약 실천을 이끌어내고 탈핵운동의 시민부대를 양성하는 것이 목표이다. 물론 시민햇빛발전소 보급 확대도 달성해야 한다. 2012년에는 10여 곳에 시범사업으로 지어 약 10MW 정도의 시민햇빛발전소를 설치할 예정이다. 2014년까지는 약 50MW 정도의 시민햇빛발전소 설치를 목표로 하고 있다.

2016년까지 100MW를 설치하겠다고 했는데, 어떻게 가능한가?

현재 1kW당 설치비는 약 300만 원 정도이다. 100kW 시민햇빛발전소에는 3억 원의 설치비가 들어가는데, 좀 더 홍보가 되면 적어도 100명 이상 조합원의 출자금을 통해 설치비 조달이 가능할 것으로 보고 있다. 왜냐하면 출자금 배당을 적어도 5퍼센트 이상 할 수 있게 설계를 해 놓고 있기 때문이다. 시범사업을 통해 출자금 배당을 확실하게 5퍼센트 이상 하는 것이 가시화되어 시민들에게 상세히 알려지게 되면 그 이후에는 조합원 참여가 폭발적으로 늘어나리라 예상하고 있다.

어떻게 수익을 내고, 어느 정도로 예상하고 있는가?

시민햇빛발전소를 설치해서 전력이 생산되면, 현재의 의무할당제도를 활용하여 햇빛발전소 전력을 입찰 시장을 통해 한전 자회사에 판매하게 된다. 현재 입찰 경매 예상 가격은 극히 불투명하지만, 대체로 수익은 충분히 가능할 것으로 예상하고 있다. 특히 현재 석탄과 가스 등 에너지 가격의 지속적인 상승세로 가격이 계속 오르고 있고 그에 연동되어 햇빛발전 가격도 올라가기 때문에, 수익률 달성이 훨씬 용이해지고 있다. 대체로 출자금 배당은 5퍼센트 이상을 예상하고 있다. 서울시민햇빛발전협동조합은 설치비를 낮추기 위해, 시공협동조합을 조직해서 시공을 하려고 하고 있으며, 기타 유지관리 비용 등도 조합원들의 자발적 참여를 통해 낮추려 하고 있다.

발전차액지원제도가 폐지되어 어려움이 있다고 들었다. 대안이 있나?

현재 의무할당제도는 매우 불안정한 한전 중심의 제도로, 그때그때 주먹구구식 땜방 처방을 계속하고 있는 중이다. 따라서 발전차액지원제도를 재도입하는 것이 재생에너지 보급 확대의 기본 취지를 살리는 길이다. 의무할당제도의 전면 폐지가 불가능하다면 발전차액지원제도와의 병행 실시도 가능하다고 본다.

일차리 창출 효과도 있다고 말하고 있다. 설명해 달라.
햇빛발전협동조합은 녹색 일자리 창출의 수원지이다. 우선 햇빛발전협동조합에 대체로 10MW당 약 15명 정도의 일자리가 만들어질 수 있을 것으로 보고 있다. 시공협동조합은 10MW당 약 150명 정도의 일자리가 생길 것으로 예측하고 있다. 이외에도 햇빛발전협동조합의 조합원 교육을 통해 에너지효율화 사업에도 단계적으로 새로운 일자리가 만들어질 수 있을 것이다.

시민들은 어떻게 참여할 수 있는가?
조합원으로 가입해서 출자금을 내고 시민햇빛발전소 건설에 참여하면 된다. 그리고 조합원 교육을 받아야 한다. 조합원들은 조를 짜서 2주에 한 번씩 자신의 출자금으로 건설한 햇빛발전소에 가서 간단한 물청소를 해야 하는데, 아마도 1년에 한 번 정도 하면 될 것이다.

농촌 공동체와
에너지 자립

왜 지역과 에너지자립마을에 주목하는가

에너지와 기후위기에 대응하기 위해 국제적, 국가적 차원뿐 아니라 지역적 차원의 접근도 활발하다. '지역 에너지'나 '공동체 에너지', '에너지자립마을', '녹색마을'로 표현되거나, 생태 전반으로 확장한 '녹색도시'로 불리기도 한다. 지금이야 유행처럼 이곳저곳에서 이런 거창한 타이틀을 달고 있지만, 초기에 선구적으로 도전해 성공한 곳들은 주로 유럽의 농촌 마을이거나 중소도시와 대도시의 작은 공동체이다. 성공 사례가 널리 퍼지면서 유사한 방식들이 확산되었고, 인구 몇십만 명이 넘는 도시들도 이 대열에 동참하고 있는 추세이다.

이렇게 지역과 마을에 주목하는 이유는 무엇일까? 우선 지역의

'기후 영향' 측면에서 보면 이렇다. 첫째, 기후변화는 지역의 생활, 경제, 건강 등에 영향을 미친다. 둘째, 기후취약성과 적응 능력은 지역의 조건에 따라 결정된다. 셋째, 적응 활동은 지역 수준에서 실행하는 것이 최선이다.

다음으로 지역의 '기후 대응' 측면에서 보면 다음과 같다. 첫째, 지방정부는 국가적으로 추진되는 정책들을 실제로 추진하는 동력이다. 둘째, 정책 개혁을 통해 지방정부는 지역 인프라와 발전 패턴을 기후변화 대응에 맞출 수 있다. 셋째, 지역적 특성에 맞게 사회적이고 기술적인 혁신 수단을 제공할 수 있다. 이런 점에서 지역 수준에서의 새로운 실험과 학습이 '기후 대응'에 필수적인 경험을 제공할 수 있으며, 그 기후 정책이 성공하게 되면 국가와 국제 수준에 영향을 미칠 뿐만 아니라 기초단체와 광역단체에게 상향식 확산 효과를 기대할 수도 있다.

거창하게 들리는 이야기를 한마디로 정리하자면, '지역'은 기후변화에 직접적인 영향을 받는 장소이면서 동시에 실정에 맞게 기후변화에 잘 대응할 수 있는 적합한 공간이라는 것이다. 기후변화 뿐만이 아니다. 경제·사회·환경 문제에 대응해온 다양한 사례들을 지역에서 찾아볼 수 있다. 하나같이 "지구적으로 생각하고 지역적으로 실천한다"think globally, act locally고 볼 수 있다.

해외 에너지협동조합과 녹색에너지회사

국내에서 에너지자립마을을 꿈꾸며 실천하는 사람들에게 부러움의 대상인 해외의 성공 사례에는 다양한 방식의 실험들이 동반되었다. 에너지협동조합에 대해서는 다음 장에서 본격적으로 살펴보기로 하고, 여기서는 우리 농촌 지역에 도움이 될 만한 사례를 간략히 알아보기로 하자. 마을 공동체에서 직접 출자해 운영하는 협동조합이 있는가 하면 일종의 마을기업인 주식회사도 있다.

독일 윤데의 바이오에너지 마을

'지속가능한 지역 만들기' 사례나 '생태사회적 지역 발전 모델'로 불리기도 하는 이 '바이오에너지 마을'의 사례는 여러 책과 다큐멘터리에 등장한다. 현재 200가구 전체에 필요한 전력을 100퍼센트 공급하며 남은 전력은 팔아 수입을 올리고 있고, 취사와 난방에 필요한 열도 모두 자체 생산하고 있다. 인근 대학연구소의 자문을 받으면서 2000년부터 준비 기간을 거쳐 2002년에 주민들 스스로 바이오에너지 시스템 운영과 사업을 위해 협동조합을 설립했다. 주민들의 70퍼센트가 가입했으며, 각종 설비 투자에 부족한 비용은 정부의 지원금과 은행 융자로 충당했다. 이제 우리는 윤데마을을 '바이오에너지'라는 에너지원의 종류만이 아니라 '협동조합'이라는 '사람들이 모이는 방식'의 측면에서도 이해할 필요가 있다.

독일에는 윤데마을을 모델로 삼은 70여 개의 바이오에너지 마을이 있다. 이와 별도로 70여 개의 시, 군이 '100퍼센트 재생가능에너지 지역' 사업에 동참해 태양광과 풍력 등 다양한 재생가능에너지를 도입하는 프로젝트를 실행하면서 정부의 지원을 받고 있기도 하다.

독일 쇠나우의 녹색에너지회사

녹색에너지회사라고 부를 수 있는 다음의 두 사례는 협동조합과 다르게 일반 기업에 가까운 형태를 띤다. 다시 독일로 가보자. 인구 2,500명이 거주하는 쇠나우라는 지역은 1986년 체르노빌 사건 이후 탈핵운동에 적극적이었다. 당시 폭발적으로 전개되던 탈핵 집회와 시위에 참여하는 것은 물론이고 직접 에너지 전환을 통해 핵발전에서 벗어나기 위한 노력을 전개했다. 주민들이 모여 에너지절약 활동에 나섰고 곧이어 재생가능에너지에 대한 투자활동으로 눈을 돌렸다.

　　그러나 지역 전체를 포괄할 정도의 전력을 공급하기 위해서는 이미 존재하는 지역 독점의 전력회사가 걸림돌이었다. 석탄과 핵에너지를 판매·공급하는 사기업이 주민들의 활동을 방해했다. 지역 의회마저 전력회사의 편을 들었다. 이에 주민들은 1994년 주민투표를 통해 주민들이 직접 주주로 참여하는 전력회사(EWS)를 설립하기에 이른다. 전력망 매입을 위한 금액은 전국적인 모금운동으로 충당할 정도로 사회적 지지도 높았다.

1998년에 이르자 이 녹색전력회사는 쇠나우 지역의 모든 전력 소비자에게 재생가능에너지로 생산된 전력을 공급하기 시작했고, 다른 지역으로도 전력을 공급할 정도로 발전했다. 이런 성과 덕분에 현재까지 독일에서 가장 큰 녹색전력회사로 자리매김하고 있다.

오스트리아 무레크의 바이오에너지 기업

오스트리아 그라츠 시는 바이오디젤로 운행하는 버스로 널리 알려져 있다. 이곳에서 멀지 않은 곳에 위치한 무레크는 인구 1,700명의 작은 농촌이다. 그라츠 시의 바이오디젤 버스에 쓰이는 바이오디젤을 공급하는 곳이 바로 무레크 농부들이 설립한 바이오디젤 회사 (SEEG Mureck)이다. 세계 최초의 바이오디젤 100퍼센트 주유소가 이곳에 있는 것도 이런 까닭이다.

무레크의 에너지자립운동은 1985년으로 거슬러 올라간다. 철의 장막 옆에 자리 잡은 낙후한 농촌 경제에 고민하던 농부 세 사람이 맥주를 마시다 나온 아이디어에서 출발했다. 바이오에너지에서 무레크의 미래를 찾을 수 있지 않을까 하는 생각을 한 것이다. 1986년부터 세 사람은 유채 재배를 시작했고, 1990년에는 400명의 농부들이 함께 투자해 바이오디젤 회사를 세웠다. 곡식 작물을 재배해야 했기에 유채는 전체 농지의 10퍼센트만 사용했는데, 이때 착안한 것이 폐식용유였다. 1993년부터 오스트라아 말고도 유럽 전역에서 폐식용유를 들여왔다. 당시만 해도 폐기물 취급받던 폐식용유

바이오디젤용 유채씨를 수확하고 있는 무레크 농부의 모습과 수거한 폐식용유를 무레크의 저장탱크에 옮기는 모습. ⓒ에너지기후정책연구소

인지라 돈을 받고 수거해 갔는데, 2000년부터는 반대로 돈을 주면서 수거했다. 바이오디젤의 성과에 힘입어 바이오가스 플랜트와 근거리 지역난방시스템도 세워 지역에서 에너지 순환과 자립에 성공하는 것은 물론이고, 함께 만든 마을기업이 견실하게 발전해 경제적 혜택도 동시에 누리고 있다. 현재 무레크는 전기·난방·연료 등 지역에서 사용하는 전체 에너지의 170퍼센트를 생산해 여분은 다른 지역에 판매하고 있다.

쇠나우와 무레크의 경험은 농촌 지역의 에너지 자립을 위한 모델이 다양할 수 있음을 보여준다. 그렇다면 우리도 특정 방식의 형태를 고집하기보다는 지역 실정에 적합한 모델들을 두루 검토하고 그 답을 찾는 과정에 나서야 하지 않을까.

'저탄소 녹색마을'은 왜 실패했는가

국내에서 2000년부터 '마을 만들기'가 크게 유행했다. 녹색농촌체험마을, 어촌체험마을, 정보화마을, 살기 좋은 지역 만들기, 아름마을, 문화역사마을, 농촌전통테마마을, 산촌생태마을 등 셀 수 없이 많다. 여기에 2008년 이명박 정부 들어서 새로 하나가 추가되었다. 바로 '저탄소 녹색마을'이다. 새로운 국가비전으로 선포된 '저탄소 녹색성장'에 4대강사업과 핵발전소 확대·수출이 있다면, 이 녹색마을사업도 꽤나 큰 사업으로 설정되었다. 2020년까지 무려 600개를 만들 계획이었으니 말이다. 이를 위해 2012년까지 10개의 시범사업(도시형 2개소, 도농복합형 2개소, 농촌형 2개소, 산촌형 4개소)을 추진하고, 유형별로 저탄소 녹색마을 성공모델을 발굴한 후에 전국적으로 확대하고자 했다.

실제로 2010~2012년에 추진된 1차 저탄소 녹색마을 시범사업에는 도시형으로 광주 남구 승촌마을(환경부 주관), 농촌형으로 전북 완주 덕암마을(농림부 주관), 도농복합형으로 충남 공주 월암마을(행정안전부 주관), 산촌형으로 경북 봉화 서벽마을(산림청 주관)이 선정되었다.

녹색마을은 주로 바이오에너지를 활용해 에너지 자립을 달성하고자 설계되었다. 그러나 시행 초기부터 주민 참여, 경제적 수익모델, 관리 방안 등의 문제점이 지적되면서 사업의 실효성에 의문이 제기되었다. 결국 주민들 간, 주민들과 지방자치단체 간, 지자체와 정부 간 극심한 갈등으로 네 곳 중 세 곳에서 사업이 취소되었다. 이 네 지역을 다시 돌아보면서 우리는 솔직히 희망보다는 절망을 느낄 수밖에 없었다.

주민들의 극심한 갈등으로 공주 월암마을의 사업은 철회되었으며, 공주시청은 인근 지역(금대리)에서 사업을 재추진하였다. 그러나 금대리 이장이 마을 주민들 간 의견이 충돌하는 상황을 견디지 못하고 자살한 사건마저 발생했다. 광주 승촌마을 사업의 경우

1차년도 '저탄소 녹색마을' 시범사업 현황

구 분	도시형	농촌형	도농복합형	산촌형
대상 마을	광주시 남구 대촌동 승촌마을	전북 완주군 고산면 덕암마을	충남 공주시 계룡면 월암마을	경북 봉화군 춘양면 서벽마을
마을 규모	257가구 616명	49가구 61명	230가구 560명	159가구 399명
마을 특성	• 4대강(영산강) 정비사업지구 인근의 마을 • 집중 취락 구조 및 비닐하우스 밀집	• 인근(5km)에 있는 대규모 돈사(1만5천 두) 분뇨 활용	• 농촌(가축분뇨) 및 도시(식품공장 부산물) 폐기물의 병합처리를 통한 도농복합형 모델 제시	• 인근에 목재집하장 (최대 5,000㎡) 및 생산시설 (140톤/일) 등 관련 인프라 풍부 • 바이오순환림 조성(2010~14, 250헥타르)
총사업비	56억 원	146억 원 (바이오가스 플랜트 사업 30억 원)	48억 원	50억 원
바이오 연료	음식물쓰레기, 농업부산물	가축분뇨, 산림바이오연료	가축분뇨, 식품공장 부산물	산림바이오연료
결 과	주민투표 실행 후 지자체에서 사업 반려	바이오가스 플랜트 사업 제외, 마을정비사업으로 변경	반대 주민들의 행정소송 제기로 결국 사업 포기	프로젝트 정상 추진 중

에도 지역 주민들의 갈등 끝에 주민투표로 사업을 반납하기로 결정하였으며, 결국 남구청은 승촌마을 사업 계획을 철회했다. 완주 덕암마을 사업의 경우, 애초 핵심 프로젝트로 결정됐던 바이오가스 플랜트 도입이 취소되었으며 대신에 태양광발전기와 목재펠릿 보급, 주택단열 공사를 중심으로 한 마을정비사업으로 변경됐다. 마지막으로 봉화 서벽마을 사업만 우여곡절을 겪기는 했지만 비교적 정상적으로 추진 중이다.

이상과 같은 상황 때문에, 봉화 서벽마을의 사업을 제외하고는, 저탄소 녹색마을사업은 전반적으로 실패했다는 평가를 받고 있다. 이렇게 하향식 정책 집행, 재생가능에너지 설비 중심, 재정 지원 중심 속에서 추진된 녹색마을사업은, 마을의 주인이고 재생가능에너지 프로젝트의 주체여야 할 주민들은 소외시킨 채 밀어붙이기식으로 진행되어 결국 주민도 없고 참여도 없는 꼴이 되어버렸다. 에너지자립마을에 진정 필요한 것은 협의적 주민참여이다. 아무리 강조해도 지나치지 않는다.

금대리 이장의 소식을 접하고 이현민 부안시민발전소 소장은 인터넷 공개 지면에서 고인의 명복을 빌며 저탄소 녹색마을에 대해 이렇게 평가했다. "저는 먼저 충분한 시간을 두고, 진술하고 성실한 모습으로 다가가야 한다는 생각입니다. 또한 같은 공동체의 구성원이 되어야 한다는 생각입니다. 일을 중심으로 관계를 형성하기보다는 삶의 연대감을 만들어가는 것입니다. 믿음을 쌓는 일이 그

리 쉽게 되겠습니까? 그렇게 마을 주민들과 신뢰를 형성하는 것, 공
동체의 구성원이 되어가는 것이 가장 중요한 관건이라 생각합니다.
그렇게 저렇게 부대끼면서 5~6년을 지내다 보니, 어느새 마을의
일원이 되어 있었습니다."

재생가능에너지에도 님비?

각종 개발사업들이 막무가내로 추진되는 상황에서 우리 사회는 숱
한 갈등을 경험했다. 불필요한 토건사업에 대해 지역 주민과 환경
에 해롭다는 이유로 반대하기도 하고, 정부에서 내려오는 돈에 집
착하여 돈을 어떻게 쓸지를 두고 갈등을 빚기도 하고, 이도 아니면
마땅히 필요한 시설마저도 지역 간 입지 갈등 형태로 분쟁을 겪기
도 했다.

그렇다면 에너지는 어떨까? 핵발전소나 방사성 폐기물 처리장
그리고 대형 석탄화력발전소와 같은 것들은 사회적으로도 외면받
는 것이어서 해당 지역 주민들의 반대를 님비 현상이나 지역이기주
의라는 말로 쉽게 비난하지는 못한다. 그렇다고 저탄소 녹색마을의
경우와 같이 '재생가능에너지'라는 이름 하나만으로 주민들에게
자연스럽게 수용될 것이라 기대하는 것도 오산이다. 재생가능에너
지라 하더라도 환경적으로나, 사회·경제적으로나, 어느 것 하나라
도 지속가능하지 않으면 착한 에너지가 될 수 없기 때문이다. '나

뿐 바이오연료'와 마찬가지로, 나쁜 조력이나 나쁜 풍력이나 나쁜 태양에너지가 현실에 엄연히 존재한다. 특히 정부와 기업이 추진하는 조력발전, 풍력발전, 태양광발전 등의 여러 재생가능에너지 사업에서 시설 설치와 관련하여 사업자와 지역 주민, 환경단체들 사이에 갈등이 발생하는 사례가 많다.

재생가능에너지에 대한 환경·기술·사회적 정의와 범위를 재설정하고, 입지 갈등을 사전에 예방하기 위해서 절차적 합리성을 재고하며, 재생가능에너지 보급·확대를 위한 지원 정책이 강화되어야 한다. 그리고 무엇보다도 주민참여적 프로젝트를 위한 방법론과 매뉴얼을 마련해서 재생가능에너지에 대한 의사소통의 확대와 합리성을 높여나가야 한다.

재생가능에너지 지원 정책을 강력하게 실행하고 있는 유럽의 경우에도 정책의 초점이 주민참여 기회의 확대와 실질적인 참여 보장의 제도화로 옮겨가고 있는 것을 볼 수 있다. 독일 연방 환경부의 경우, 재생가능에너지의 지역적 확대 정책을 실행하는 과정에서 『지역에서 재생에너지를 최적으로 활용하기』라는 안내책자를 발간하였다. 이 책자는 지역의 실험이 성공하기 위해 필요한 일들로, '지역의 다양한 이해관계자들이 참여하여 장기적인 공동의 비전을 만들 것', '실행 전략을 만드는 지역 조직을 꾸릴 것', '지역 주민들과의 의사소통을 강화할 것', '연방 정부의 정책을 적절하게 활용하고 지역 주민들의 설비 투자를 장려할 것' 등을 주요하게 제시하고 있다. 또한 재생가능에너지의 시민수용성 증진 방안에 대한 연구를 실시하기도 했는데, 이는 시민 참여에 대해서 다양한 전략이 개발되지 못했다는 문제의식을 바탕으로 한 것이다. 첫 단추를 잘못 꿴 '저탄소 녹색마을'을 떠올리면, 우리에게 무엇이 필요한지 알아야 한다.

바람직한 농촌 에너지자립마을을 찾아서

정부의 '저탄소 녹색마을'이 전형적인 관공서의 사업 방식이라면, 지역 공동체와 환경단체가 만들어가는 에너지자립마을은 사람과 에너지가 공존하는 생태·평화적인 방식이라고 하겠다. 이렇게 지역 공동체가 추진하는 에너지 자립 모델은 충남 홍성군 풀무학교와 한울마을, 전북 부안군 등용마을과 화정마을, 임실군 중금마을, 경남 통영시 연대도, 사천시 갈전마을 등으로 모두가 오래전부터 자생적으로 활발한 움직임을 지속해오던 곳이다.

　최근에는 이들 지역 간에 '지역에너지 네트워크'가 형성되어 정보 공유, 기술 학습, 공동 프로그램 개발 등을 통해 더욱 발전하고 있다. 대표적인 사례인 등용마을과 연대도를 살펴보도록 하자. 두 곳을 방문해보니 어느 모델이 더 낫다고 평가하는 건 불필요하다는 생각이 든다. 무엇보다 중요한 건 에너지 자립을 추진하면서 겪게 되는 시행착오를 주민들이 스스로 해결하는 과정이므로.

부안군 등용마을과 통영시 연대도 비교

	부안군 등용마을	통영시 연대도
유 형	시민발전소로 시작한 국내 에너지자립마을 교육의 장	외부 자원 중심의 공모 집중형 에코아일랜드
시 기	2000년대 중반(실험기), 2010년 이후(확산기)	2008년 에코아일랜드 사업 선정 이후 급속한 속도로 재생에너지 하드웨어 확대 중
주요 에너지원	햇빛, 지열, 바람, 유채, 목재펠릿 등	햇빛, 지열, 풍력
재생에너지 설비	태양광, 태양열, 소형풍력, 지열, 목재펠릿 보일러	태양광, 지열
주요 성과	국내 에너지자립마을 확산의 선도적 역할, 다양한 에너지원 도입 및 평가	통영 연대도 에코아일랜드 기본계획, 공모 성공률 높음, 전력 100퍼센트 자립 육박, 패시브하우스·마을회관 등
특이 사항	마을 주민들과의 소통과 교육, 에너지절약·에너지효율 향상· 재생에너지 확대 모두 강조	마을 주민들과의 소통과 교육, 민관 거버넌스 중심 추진, 마을 내부 인적 자원 취약, 자부담 없음

부안 등용마을의 시민발전소와 교육회관. ⓒ에너지기후정책연구소

부안 등용마을

서른 가구, 60명이 거주하고 있는 전라북도 부안군 하서면 등용마을. 부안 하면 우선 2003년의 부안 핵폐기장 투쟁이 떠오른다. 2005년 2·14 주민투표에서 주민의 72.04퍼센트가 참여해 91.83퍼센트가 핵폐기물 처리장을 반대했던, 한국 탈핵운동에서 한 획을 그은 사건으로 기억에 남아 있는 곳이다. 부안 주민들은 이 사건을 계기로 스스로 재생에너지라는 에너지 대안을 고민하기 시작했다. 그 중심에 시민들의 출자를 통한 시민발전소운동과 에너지자립마을 만들기를 전국에 전파하는 역할을 했던 부안시민햇빛발전소가 있다. 온갖 어려움 속에서 인근 화정마을과 함께 바이오디젤용 유채 재배를 해온, 그야말로 '에너지 농부들'이 부안에 터를 잡고 있다. 나아가 주민들이 출자해서 시민발전소를 운영하고 있다.

부안시민발전소 사무실과 교육회관은 태양광발전, 태양열난방, 지열, 펠릿 보일러 등 다양한 재생가능에너지로 생활이 가능한 건물이라 에너지자립마을에 관심 있는 사람들이 전국에서 몰려든다. 등용마을은 다른 곳보다 에너지자립마을의 원칙을 강조하는 것이 특징이다. 이현민 소장은 2005년 2월 이후 6년이 넘는 마을활동(교육, 견학, 실험)을 거친 지금에야 비로소 마을 주민들이 외부 자원을 수용할 수 있을 만큼 내부 역량이 성숙됐다고 판단한다. 내부 준비 정도가 낮은 수준에서 먼저 (일부 자부담을 하더라도) 재생에너지 설치를 하게 되면, 에너지 자립과 절약에 대한 고민 없이 누진세가 적용되지 않는 혜택만 추구하게 될 수도 있다는 점을 경계한다. 이 마을의 중기 목표는 2015년까지 마을 총 에너지의 50퍼센트를 태양광·풍력·바이오연료 등으로 대체하는, 에너지자립마을 프로젝트를 진행하는 것이다. 보다 근본적으로는 에너지 자립은 과정일 뿐이고, 농업·경제·공동체 측면에서 마을 만들기라고 한다.

경남 통영 연대도

통영시 남단에 위치해 있고, 마흔여덟 가구 82명이 거주하는, 국내에서 유일하게 인구가 증가하는 섬인 연대도. 2010년에 행정안정부로부터 '명품섬 Best 10'에 선정될 정도로 경관이 빼어나다. 푸른통영21(윤미숙 사무국장)은 2007년에 생태섬 조성사업 후보지로 연대도를 선정하고 주민들을 설득하기 시작했다. 외지에 다소 폐쇄적이던 주민들을 설득하는 데 2년이 걸렸고 점차 서로 신뢰가 쌓이면

통영 연대도의 비지터센터 전경과 비지터센터의 패시브하우스 인증서. ⓒ에너지기후정책연구소

서 하나씩 관련 사업이 추진되고 있다.

　현재 연대도는 '화석에너지 제로 섬'을 표방하면서 실질적인 에너지 자립 모델을 지향하고 있는데, 푸른통영21은 2012년까지 시설 설치를 완료하고 모든 운영시스템을 구축한 후에는 마을 간사와 주민들이 자체적으로 운영할 수 있게 할 계획이다. 정부와 지자체 지원 등 외부 자원을 통해 다양한 단위 사업들을 진행해왔는데, 태양광으로 전력 자립은 100퍼센트에 근사한 수준이다. 2011년에는 마을회관과 비지터센터로 활용하는 2층 건물에 태양광과 지열 설비를 갖추고 패시브하우스 인증을 받았다. 국내 마을회관 중 패시브하우스 인증은 최초라고 한다. 또한 폐교를 리모델링해서 에코체험센터를 세워 교육적 기능도 추가하고 있다. 푸른통영21은 후속 사업으로 주택 개보수와 함께 지열 설비를 추가하면 열 자립까지 가능하다고 판단한다.

패시브하우스

'수동적인 집'passive house이라는 뜻으로, '능동적인 집'active house에 대응
하는 개념이다. 액티브하우스가 외부로부터 에너지를 끌어 쓰는 데 비해
패시브하우스는 건물을 고단열·고기밀로 설계하고 열교환환기장치를 이
용하여 열 손실을 최소화해 난방을 위한 설비 없이 겨울을 지낼 수 있는
건축물을 말한다. 이때 재생가능에너지 설비는 필수가 아니라 전기 등 적
당량의 에너지를 얻기 위해 설치될 수 있다.

이런 점에서 패시브하우스는 '에너지낭비 최소화 건축물'의 의미로 사용
되며, 재생가능에너지를 중심으로 에너지 생산에 초점을 맞춘 액티브하우
스와는 대비된다. 1991년 독일에서 처음 등장하여 유럽 등지에서 활발히
지어지고 있으며 전세계에서 관심이 집중되고 있다

농촌형 임대주택 모델

건축가 주대관 소장(엑토건축·문화도시연구소 대표)은 2002년 강원도
태백시 철암지역건축도시작업으로 시작했던 '농촌 집짓기' 프로그램의 일
환으로 '농촌형 임대주택'을 짓고 있다. 기초생활수급자인 노인층에 입주
비 없이 새 집을 제공하는 기획이다. 2010년 11월, 강원도 인제군 서화면
'여럿이마을'에는 빈곤층 노인 6명이 각 30제곱미터과 40제곱미터 규모
의 공동주택에 입주했다.

지붕에는 태양열집열판, 지하에는 지열난방이 설치되었고 다양한 단열공
법이 도입되었다. 집 옆에는 직접 가꿀 텃밭도 있다. 이들은 군청으로부터
매월 받던 7만 원 가량의 주거대책지원비로 월세를 대신한다. 수도세·전
기세·난방비 등 각종 세금은 입주자가 내는데, 월 평균 5만 원이면 충분
하다. 예전보다 전기요금이 3만 원 가량 줄고, 난방비는 일반 가정의 3분
의 1 수준이 됐다. 인제군청의 협조와 기업의 후원도 큰 도움이 됐다. 이

러한 모델은 '저에너지 건축'을 통해 '노인복지', '주거복지', '에너지복지'라는 세 마리 토끼를 잡을 수 있다. 인제군 등 타 지방자치단체로 이와 같은 방식의 주택이 확산되고 있다.

4장

기후보호 행동

농업 전환이
기후를 바꾼다

농업은 천부권이다

농업은 인간과 생태계를 구성하는 기본 단위인 기후와 토지를 활용하는 가장 우선적인 산업이다. 따라서 생명산업으로서 농업의 역할에 주목하고 이에 걸맞는 근본 대책을 수립하는 것은 국가의 최우선 과제. 농민이 농업의 주인이지 못한 현실 속에서는 농업의 위기와 기후변화와 빈곤 문제 해결이 요원하기 때문이다. 생산에 대한 권리와 통제가 농민 스스로에게 주어지고, 거대 농산기업이 아닌 지역의 소농들이 활성화될 때 농업 분야에서 능동적이고 다양한 기후변화 대응도 가능하다. 농업에 관한 농민천부권農民天賦權, Farmer's Right 개념을 적극 도입하고 이를 통하여 식량주권을 확립할 필요가 있다.

농산기업을 버리자 — 소농과 유기농이 해답이다

1970년대 이후 일부 선진국과 초국적 메이저 농산기업들이 이끈 이른바 '녹색혁명'은 전세계 농작물 생산량은 증가시켰지만 이후 빈곤 인구는 더욱 증가했다. 이는 무조건적인 생산 지상주의의 관행농업과 산업화된 농업체계가 생산과 이익 분배의 불평등 구조를 고착화시키고, 각국의 농업체계를 붕괴시켰기 때문이다. 또한 거대 농산기업과 산업화된 관행농업은 생산과 수송과정이 지나치게 에너지집약적이어서 농업을 온실가스 감축 주체가 아닌 배출 주체로 만들어버린다. 거대 농기업 중심의 관행농과 수출농 중심체계에서 벗어나 지역 소농을 중심으로 하는 저에너지·생태농업의 로컬푸드시스템local food system으로 전환할 때 기후 문제의 근본적인 해결도 가능할 것이다.

과학이란 미명으로 먹을거리를 오염시키지 말자

농산기업들과 일부 선진국들은 유전자조작 작물 보급 및 생산방식 변화를 식량 문제와 기후변화의 대응책으로 제시한다. 그러나 이는 특정 농산기업들이 종자를 포함하여 농업 투입물과 생산 과정, 산출물에 대한 통제력을 장악하고 이를 기반으로 이윤을 창출하는 것을 전제하고 있어 문제를 악순환시킬 뿐이다. 게다가 유전자조작 식량은 단작으로 인한 생물종 다양성 훼손과 생태계시스템 파괴를 야기하고, 화학비료와 제초제의 과잉 사용을 불러올 수밖에 없다. 이로 인해 생물종 다양성은 크게 훼손되고, 농업에 대한 농민들의 권리 박탈은 가속화될 것이 분명하다. 기술주의적 해결 방식은 기후변화에 대한 해결책이 아니라 오히려 기후변화의 위협을 증폭시키는 요소가 될 수 있다. 따라서 토지의 생명력 확보와 이를 통한 생태친화적 방식의 농업기술 확보가 문제 해결을 위한 근본 대책이 될 것으로 전망한다.

식량은 연료가 아니다

음식은 음식이다. 그러나 미국과 같은 식량 대국이나 개발도상국에서 생산되는 많은 양의 식용작물이 바이오연료로 사용되면서 먹을거리용 식량 경작지는 줄어들고 있다. 전세계 식량가격이 폭등하는 가운데 정부의 잘못된 농업보조금 정책으로 농산물연료는 더욱 확대될 전망이다. 식량을 기반으로 하는 농산물연료는 식량을 감소시키고 분배정의를 악화시키며, 지나치게 에너지집약적인 현 농업체계를 고착화시킬 수밖에 없다. 식량 문제나 생태계 보존 문제와 직결되어 있는 바이오연료 정책은 폐기할 수 있도록 더욱 요구해야 한다.

정부는 무엇을 해야 할까?

한국 정부의 농업 정책은 국내의 식량자급력을 높이는 것보다 식량 가격을 안정적으로 유지하는 데 관심이 더 많다. 그러나 2011년 기준으로 식량자급률이 22.6퍼센트 수준에 불과한 우리나라로서는 식량자급률을 높이는 것만이 식량안보를 궁극적으로 해결하는 길이다. 특히 FTA는 막대한 농업보조금을 받는 국가에 대한 식량종속성을 강화시키고 장기적으로 기후변화와 농업위기에 대한 적응력을 저해하므로, 농업 정책과 기타 정책과의 연계, 거시적인 관점에서의 농업 부문 투자 등으로 전환시켜야 한다.

또한 기후 대응 차원에서 정부가 발표한 농업 분야 기후변화 정책은 대부분 관행농 위주의 지원 정책이고, 그나마도 지원 예산이나 근거가 명확치 않아 실효성이 의문시되고 있다. 기후변화에 대한 농업 분야 취약성을 줄이고, 생산자와 소비자 스스로 대응 능력을 갖추도록 유도하기 위해서는 소농과 유기농 중심의 기후변화 대응책이 조속히 마련되어야 한다. 특히 유기농의 경우 생산 과정에서 온실가스 배출을 획기적으로 줄일 수 있고, 생태계 건강에도 가장 큰 효과를 가져오므로 유기농 육성과 기후변화 대응책을 긴밀하게 연결시키는 노력이 필요하다.

온실가스 감축을 위한 협동조합의 역할은 무엇일까?

1) 자체 배출량 감축

농업은 생산 과정에서부터 유통·소비 과정에 이르기까지 다양한 경로로 온실가스를 배출하고 있다. 상당수의 생활협동조합이나 관련된 생산자협동조합은 소농·유기농을 지향하고 있으므로 생산 과정에서의 온실가스 배출을 최소화하려고 노력하고 있다. 그러나 유통·소비의 경우에는 적극적인 대처가 아직까지 이루어지고 있지 않다.

유통 과정에서의 온실가스를 줄이기 위한 물류체계 혁신에 대한 고민이 필요하고, 소비 과정에서의 온실가스 저감을 위해 포장 간소화, 포장지 재활용, 음식물쓰레기 최소화 등의 자체적인 노력과 함께 소비자 회원들과 함께 하는 교육과 캠페인이 필요하다. 또한 도시농업 활성화와 농민장터 등을 통해 소비자 회원들이 단순 소비자의 역할을 넘어서 지역 공동체의 일원으로서 생산의 영역과 함께하기 위한 고민도 필요하다.

일본생협연합회의 에코스토어와 같이 판매 매장의 인테리어를 생태친화적인 환경으로 전환하거나 직접 에너지 사용량 저감을 위한 시설 공사 등의 노력도 필요하다. 매장 내 전기시설물의 경우 에너지효율 1등급 제품 구매를 의무화하고, 농업폐기물에 대한 처리 방안 고민도 필요하다. 나아가 공급차량의 에너지효율화와 온실가스 배출 감축을 위한 노력까지 포함해서 협동조합에서 배출하는 온실가스에 대한 전과정 평가를 통해 온실가스 저감을 위한 종합적인 인식과 접근 노력이 있어야 한다.

다른 한편으로는 생활협동조합이 스스로의 역할과 경계를 넘어 에너지협동조합의 설립과 운영에 함께하는 것도 온실가스를 줄이는 데에 큰 도움이 될 수 있다. 외국의 에너지협동조합처럼 별도의 운동으로 진행하는 것도 필요하지만, 이제는 소비자들이 단순히 소비자 역할에 국한되지 않고 생산자 역할로 확장되면 더 큰 시너지 효과를 얻을 수 있다는 것을 시사한다. 생산과 소비의 경계를 넘어선 협동조합의 새로운 비전과 역할에 대한 고민이 필요한 상황이다.

2) 기후변화 피해 최소화 전략

농업은 기후변화로 인한 최대 피해자이자 피해에 따른 수용능력이 취약한 분야다. 따라서 기후변화 적응 능력은 농업의 지속가능성을 확보하고 악순환의 고리를 끊을 수 있는 효과적인 방법이다. 유기농과 소농의 경우 수퍼해충으로 인한 대응 능력 부족 등 다양한 취약성을 나타내고 있으므로, 협동조합과 관계하고 있는 생산자들이 작물 면역성 강화, 기후변화 적응 능력을 증대할 수 있도록 교육과 기술 지원에 적극적으로 투자해야 한다. 적정 기술 확보에 장시간이 걸릴 수 있으므로 기간별 단계적 계획을 수립하여 생산자와 소비자 권리 보호 조치를 도입하는 것도 좋겠다. 이를 위해서는 협동

조합 내에 별도의 기후변화 기금을 조성하거나 다른 협동조합들과
연합하여 공조해야 한다.

3) 온실가스 흡수 능력 확충

유기농은 토양건강성을 안정화시켜 온실가스 흡수 능력을 높이는
역할을 한다. 따라서 관행농업을 친환경 유기농업으로 전환, 확장
시키는 데 더욱 노력을 기울일 필요가 있다. 이를 위해서는 유기농
생산자들이 안정적으로 생산 활동에 전념할 수 있도록 소비자들과
의 긴밀한 협력관계가 만들어질 필요가 있다. 기후변화 시대에 한
살림을 비롯한 생협들의 역할이 더욱 중요해지는 이유다. 나아가
온실가스 저감을 위한 정부의 노력 못지않게 시민들이 녹색 생활을
실천해나갈 수 있도록 생협 조합원들부터 솔선수범하는 노력도 필
요하다.

가치 소비,
착한 소비

현대의 삶에서 소비의 영역은 매우 넓고 다양하다. 먹을 것, 입을 것부터 문화생활에 이르기까지 우리의 삶에서 소비와 연결되지 않는 것이 없다. 텔레비전과 라디오, 인터넷 등의 매체를 통해 끊임없이 광고가 이어지고 대형마트와 홈쇼핑 등 다양해진 소비처를 통해 이전보다 더 많이 소비할 수 있는 기회가 생겼다. 하지만 이러한 편리한 삶은 소비자와 생산자를 명확하게 나누고, 그 둘의 거리를 점점 더 멀어지게 하였다. 소비는 단순하게 이윤과 부가가치의 창출 기능을 하는 경제적 순환구조의 종착지가 되었고, 내가 구입하는 하나하나가 어떻게 만들어지고 이동하여 나에게 오는지에 관심을 두지 않게 되었다. 많은 생산은 많은 자원의 사용을 기반으로 한다. 그리고 더 많은 쓰레기를 남기게 된다.

농산물 또한 예외는 아니다. 지금과 같이 언제든 원하는 것을 마트에서 손쉽게 구할 수 있는 상황에서 소비자가 농산물을 선택하는 첫 번째 기준은 가격이다. 쌀 한 톨, 농민들의 땀 한 방울을 귀하게 여기라는 것은 그저 옛 어른들의 잔소리처럼 되었다. 최근 들어 유기농, 친환경제품에 대한 선호도가 커지고 있다. 건강과 웰빙에 대한 관심의 증대와 함께 각종 먹을거리 오염 사고가 빈발해지면서 안전한 먹을거리를 찾는 사람들이 늘어났기 때문이다. 하지만 생산 환경, 생산 조건이 건강하고 지속가능하지 못한 상황에서 먹을거리 자체의 안전을 보장받을 수는 없는 일이다.

우리의 소비가 환경을 파괴하고 인간을 소외시킨다 해도 소비를 멈출 수 없는 것이 현실이다. 보다 환경친화적이고 좀 더 인간적인 소비는 불가능한 일인가? 자연과 사람을 위한 소비의 새로운 가능성, 소비자의 새로운 역할을 찾아나서야 한다.

'착한 소비' 또는 '윤리적 소비'는 소비자가 상품이나 서비스를 구매할 때 '윤리적인 가치 판단'에 따라 의식적으로 선택을 하는 것을 말한다. 물론 윤리적인 가치 판단은 사람마다 다르기 때문에 무엇이 가치 있고 윤리적이며 착한 것인지 명확하게 규정 짓는 것은 쉽지 않다. 하지만 분명한 것은 자신의 소비 행위가 다른 사람이나 사회, 환경, 미래에 어떤 결과를 가져올지 한 번 더 생각하고 신중하면서도 현명하게 판단해서 소비하는 것이 올바른 행위라는 것이다. 따라서 착한 소비 속에는 개인적인 차원의 소비 행위를 넘어서 서로의 관계를 배려하는 사회적 차원, 생산의 구조와 성격을 바꾸기 위한 정치적 차원의 의미까지 함께 담겨 있다.

로컬푸드의 정착을 위한 착한 소비의 역할

로컬푸드는 생산자로부터 소비자까지의 이동거리를 단축시켜 식품의 신선도를 높이고 생산자와 소비자 모두에게 혜택이 돌아가도록 하자는 취지에서 안전한 먹을거리에 대한 운동의 형태로, 일본·미국 등지에서 세계 식량체계의 대안적인 모델로서 나타났다. 우리나라에서 로컬푸드에 대한 관심은 광우병 파동이나 일부 수입 농산물의 안전성 문제 등으로 먹을거리에 대한 불안감이 높아지면서 지역에서 생산되는 이른바 '국내산'을 소비하자는 취지에서 등장했다.

우리나라는 1970년대까지만 하더라도 도시에서도 근교 농촌지역 등 가까운 지역에서 나는 것을 먹는 것이 일반적이었다. 그러나 1970년대 경제성장 이후 농산물도 광역의 대량 유통체계로 변모하였다. 이로 인해 나타난 현상은 다음과 같다.

첫째, 해당 농산물이 어디서 어떻게 생산된 것인지 알 수 없게 되었다. 둘째, 해당 농산물의 연중 공급으로 식생활은 풍부하게 된 반면, 전국적으로 획일적인 식문화를 형성해 농산물의 제철 감각이나 지역 특유의 식문화를 상실하게 되었다. 셋째, 농업 생산은 연중 소비자가 원하는 어느 곳이든 농산물을 공급하기 위해 생산성 향상을 추구하게 되었다. 이러한 상황에서 먹을거리와 관련한 안전성의 문제가 사회적 이슈로 등장하면서 더 안전하고 믿을 수 있는 국내산에 소비자들이 눈을 돌리기 시작하였다.

로컬푸드에서 '로컬'local은 지역을 뜻한다. 영국은 이 범위를 반경 약 30마일로 정의하고 있고, 런던과 같은 대도시는 약 100마일 이내로 규정하고 있다. 미국의 경우는 물리적 거리보다는 공동체를 중심으로 해석하기도 한다. 우리나라 역시 이 로컬을 정확하게 규정하는 바는 없으나 대체로 국내에서 생산되는 농산물을 뜻하는 경우가 많다. 따라서 로컬푸드 운동은 신토불이身土不二 운동과 맥을 같이하는 국내산 농산물 이용 증진 운동으로 볼 수 있다. 즉 국내의 농산물을 애용함으로써 한국 농민들을 살리고 궁극적으로는 농업의 발전 및 식량자급률의 증가를 가져오는 소비활동인 것이다.

수입농산물보다 더 믿을 수 있는 로컬푸드는 농민을 살리는 동시에 지구 환경을 지키는 데도 도움이 되고 있다. 로컬푸드의 이용은 기후변화를 막는 하나의 실천 방안이다. 눈 쌓인 길을 걷다가 돌아 보면 걸어온 길에 발자국이 선명하게 찍힌 것을 볼 수 있다. 우리가 구입하는 제품들도 생산되는 과정에서 배출된 이산화탄소를 발자국처럼 남긴다. 이렇게 제품들이 우리의 손에 닿을 때까지 배출한 이산화탄소의 양을 수치화한 것을 '탄소발자국'이라고 하는데, 이 수치가 낮을수록 이산화탄소의 배출량이 적고 더 친환경적이라는 것을 알 수 있다. 제품을 선택함에 있어 이제는 가격과 품질 외에도 환경이 또 다른 주요 고려 사항으로 부각되고 있다.

탄소발자국과 비슷한 개념으로, 3장에서 이야기한 '푸드마일리지'가 있다. 생산자와 거리가 멀수록 당연히 푸드마일리지의 수치는 올라간다. 푸드마일리지와 탄소발자국의 수치가 낮은 농산물의 구입은 이산화탄소 배출 감소에 도움이 되며 환경을 살리는 하나의 실천 행동이 될 수 있다.

농업의 문제는 단순히 농민들 개인의 문제가 아니라 소비자를 포함해 사회 전체가 함께 고민하고 함께 풀어야 하는 문제다. 기후변화 문제 역시 마찬가지다. 로컬푸드의 성공적인 정착을 통해 기후변화 문제 해결에 기여하기 위해서는 생산과 소비 전 과정을 아울러서 참가자들의 분명한 이해와 책임 있는 선택이 필요하다. 착한 소비는 개인적 선택의 차원을 넘어 사회적인 실천과 연결되어 있다.

유기농이 해답이다

화학비료와 농약을 사용해 농산물 생산량을 극대화시켜 더 많은 수익을 내고자 했던 관행농업 방식은 결과적으로 생물이 자라기 힘들 정도로 땅과 물을 오염시키고 생산된 농산물의 안전성도 신뢰하기 어렵게 만들었다. 해서 이런 방식으로는 기후변화로 인한 문제를 해결하기 어려울 뿐만 아니라 다가올 기후변화 시대의 충격에 적응하기도 쉽지 않다. 농업 생산방식에 대한 근본적인 변화가 필요하다. 자연 생태계의 순환원리를 거스르지 않은 채 일체의 인위적인 화학비료나 농약을 치지 않고 농사를 짓는 유기농업이 기후와 에너지, 먹을거리가 총체적으로 위기에 처한 상황에서 대안으로 주목받고 있는 이유도 이 때문이다.

물론 유기농법을 통해 농사를 짓고 농산물을 생산해내는 일은 결코 간단치 않다. 석유와 기계에 의존하지 않는 대신 사람의 노동력과 비용이 더 많이 들어가고 생산량도 보장받기 어렵다. 하지만 관행농업으로 파괴된 환경과 농업 생태계를 되살리는 일은 경제적 비용으로만 따질 수는 없는 일이다.

최근 들어 친환경 유기농산물에 대한 사회의 관심이 크게 높아지면서 이들 농산물을 취급하는 매장들도 계속 늘고 있다. 정부 또한 친환경 유기농업의 확대를 위한 대책들을 세우고 있으나 유럽 선진국가들과 비교해보면 여전히 그 비율은 낮은 실정이다. 기후변화 시대에 유기농업이 가진 역할이 중요하다고 하나 생산자들의 생산안정성을 보장하는 체계와 기술적 지원은 부족한 상태이고, 소비자들에게는 가격의 장벽이 여전히 높은 실정이다. 결국 시장의 가격 구조에는 담아내지 못하는 유기농업이 가진 다양한 가치들을 소비자들이 인식하고 사회적으로 인정하는 기반들을 다양하게 만들어나가야 할 것이다.

① 유기농산물은 프랑켄푸드라고 일컬어지는 유전자변형 농산물(GMO 또는 LMO)을 전혀 포함하지 않은 순수한 대자연의 생산품이다. 축산물도 유전자조작 물질과 화학농법으로 재배한 사료를 먹이지 않고 항생물질을 사용하지 않아야 유기농의 범주에 포함된다.

② 유기농식품은 맹독성 농약, 항생제, 성장호르몬, 나노분자 그리고 기후불안정을 야기하는 화학비료를 전혀 사용하지 않는 온전한 자연식품 whole food 이다.

③ 유기농업은 친기후환경적이다. 북미 지역의 경우 기후변화를 일으키는 온실가스의 35퍼센트 내지 50퍼센트가 화학기계농법에 의존하는 관행 농업에서 나오는 반면, 유기농업은 1에이커(0.4헥타르)당 3,175킬로그램의 이산화탄소를 땅 속에 격리시키는 역할을 한다.

④ 유기농 인증은 핵방사선 오염식품의 무의식적인 소비를 예방해준다. 핵물질 방사선 오염식품과 전자파에 의한 조사照射는 식물의 비타민 성분과 면역 성분의 영양소를 파괴하고 벤젠이나 포르말데히드 등 발암물질을 생성한다.

⑤ 식중독현상이 유기농장 또는 유기농 가공업체에서는 거의 발생하고 있지 않다. 미국 질병관리센터에 의하면 현재 7,600만 명 이상의 미국인들이 매년 식중독으로 고통받고 있는데 대부분이 비위생적이고 비인도적이며 불결한 동물 취급과 도살 과정에서 발생하고 있다.

⑥ 유기농업은 원천적으로 하수쓰레기 사용을 금지하고 있다. 미국에서는 현재 수억 톤의 유독성 도시 하수쓰레기가 1억 4천만 화학적 관행농장

에서 비료 형태로 쓰이고 있다고 알려져 있다.

⑦ 유기농법과 유기축산은 도축장으로부터 빠져나온 고기 부스러기, 뼛 가루, 피, 내장 등 부산물을 결코 사용하지 않으며 종종 알츠하이머 치매병으로 오인 받는 인간광우병 발생의 소지를 원천적으로 배제하고 있다.

⑧ 유기농식품은 가축을 동물복지 차원에서 사육한다. 유기농법은 농장 가축에 대해 공장식 밀집 사육이나 인위적인 동물 거세, 절단 등을 못 하게 하며, 케이지식 양계 양돈 방식을 금하고 최소한의 운동과 자연과 의 관계를 허용한다.

⑨ 유기농 식품은 관행 농축산물에 비해 영양 가치價値가 훨씬 높다. 각종 연구 결과에 의하면, 맹독성 농약과 화학비료 또는 GMO 종자를 사용 하여 기른 농산식품에 비해 유기농 식품은 더 많은 비타민류와 항암· 항산화 요소 그리고 인체에 필수적인 중요한 미세 광물질을 더 많이 함유하고 있는 것으로 밝혀져 있다.

⑩ 유기농업은 소규모 가족농family farms과 농촌 지역사회를 보다 효과적 으로 보존하고 지탱하는 역할을 한다. 대기업농이 지배하는 미국에서 도 규모가 작은 소농 가족농이 올바른 유기농업을 수행할 경우 소비자 들의 구매 선호의 뒷받침을 받아 최소한의 품위를 유지하며 생활을 영 위하고 있다. 또한 선진국의 사례에 의하면 유기농가들의 수확량(생산 성)이 관행농가들보다 훨씬 높을 뿐 아니라, 극심한 가뭄이나 폭우 장 마 등 이상기후 조건하에서 더 잘 견디며 생산성이 좋은 것으로 밝혀 지고 있다.

* 「한국농어민신문」 2011년 9월 1일자(제2365호)에서 김성훈 전 농림부장관이 소개한 「북미지 역 유기농소비자협회가 밝힌 '유기농업'이 중요한 열 가지 이유」를 재정리.

국경을 넘어선 착한 소비, 잘 살펴보자

착한 소비가 국경을 넘어서 확장되고 있다. 국가 간에 이루어지는 무역에서 불공정행위를 규제하고 상호 동등한 입장에서 교역을 실현하려는 '공정무역'은 대표적인 예다. 그동안 공정무역은 대개 개발도상국이나 후진국의 값싼 노동력을 대가로 선진국의 대기업들이 이익을 가져가는 잘못된 무역 방식을 바로잡는다는 측면에서 주목받았다. 즉 제1세계 선진국가 소비자들과 제3세계 가난한 생산자들 간에 직거래체계를 만들어서 불공정하고 비효율적인 중간 유통 과정을 줄임으로써 제3세계 생산자들의 노동의 대가를 정당하게 지불하자는 것이 공정무역운동에 담긴 뜻이었다. 이 운동은 이후 제3세계 가난한 생산자들의 자립은 물론, 해당 지역 생태계의 지속가능한 보존을 위해서도, 그리고 선진국 소비자들이 자신들의 소비 행위가 가진 윤리적 의미와 가치를 자각하는 데도 필요한 일로 인식되어왔다.

그러나 현실에서 이루어지는 공정무역에 대한 논란도 적지 않다. 기본적으로 국경을 넘어선 장거리 이동을 통한 무역은 그만큼의 화석연료를 사용하고 온실가스인 이산화탄소를 많이 배출할 수밖에 없다. 여기에다가 공정무역이 선진국 소비자들의 윤리적 만족을 가져다주기는 하지만 선진국과 개발도상국 간의 불균형한 교역 구조를 개선하는 데는 별로 기여하지 못한다는 비판도 있다. 그리고 공정무역을 통한 상품의 소비가 늘어날수록 제3세계 생산지에

단일 경작이 늘어나는 점도 문제라는 지적이다. 현재 공정무역을
통해 우리나라에 들어오는 제품들 대부분이 커피·초콜릿·설탕과
같은 기호식품들이어서 곡물 생산의 확대를 통한 식량자급에도 관
련성이 떨어진다. 이런 가운데 공정무역이 하나의 소비 트렌드로
자리 잡으면서 대기업까지 기업 이미지 제고 차원에서 공정무역을
표방한 상품들을 내놓기 시작하는 등, 현재 문제가 되고 있는 기후
변화와 농업, 먹을거리의 위기 문제를 해결하는 방향으로 소비문화
를 바꿔낼 수 있을지에 대한 회의도 있다.

결국 노동과 인권, 농업과 환경의 지속가능성을 실현하기 위한
차원에서 공정무역에 본래 담고자 했던 가치들을 확인하되, 착한
소비를 국경을 넘어 확장해가는 차원에서 제3세계의 건강한 자립
을 지원할 수 있는 다양한 교류와 협력 방식들을 적극 찾아나갈 필
요가 있다.

직거래와 재래시장을 활용하자

요즘은 꼭 대도시가 아니더라도 대부분의 사람들이 마트에서 장을
보는 것이 일상이 되었다. 분명 대형마트는 재래시장에 비해 편리
하다. 하지만 그런 편리함은 엄청난 에너지 소비와 온실가스 배출
을 필요로 한다. 대형마트의 경우 대량으로 물품을 구입해 창고에
보관했다가 다시 분배되는 과정을 거치기 때문에 유통 거리가 늘어

날 수밖에 없다. 또한 수입품의 경우, 수출기업·수입기업·운송업자·도매업자·소매업자 등 복잡한 중간 거래 과정을 거침으로써 소비자들은 더 많은 가격을 지불하지만 실제 생산자인 농민들에게 돌아가는 몫은 줄게 된다. 따라서 직거래나 재래시장은 생산자와 소비자들 모두에게 도움이 되는 대안으로 제시되고 있다.

재래시장은 마트와 같이 가격을 낮추기 위해 압력을 가하지 않는다. 재래시장 이용은 농민과 마찬가지로 힘겨운 소상인들을 살리고 일자리를 만들어주는 방법이다. 특히 시골 재래시장의 경우 중간 유통이 거의 없고 직거래에 가깝기 때문에 농민들에게 많은 이득이 돌아가게 된다.

소비로 바꾸는 세상

사람과 자연을 함께 배려하는 가치를 담은 착한 소비의 방법들은 다양하다. 하지만 막상 현실에서 착한 소비를 선택하는 데는 많은 고민이 뒤따른다. 윤리적 소비 제품끼리의 상충 관계도 그 예라 할 수 있다. 수입된 유기농산물과 관행농으로 재배된 농산물 중에서 어떤 것을 선택해야 올바른 것일까? 간단한 문제가 아닌 만큼 이런 중요한 선택을 온전히 소비자의 몫으로만 남겨두는 것은 바람직하지 않다. 착한 소비가 새로운 소비문화로 자리 잡아갈 수 있도록 사회 전체가 함께 고민해야 할 것이다.

소비자는 단순히 수동적으로 제품을 선택하고 구매하는 사람으로 남는 것이 아니라 적극적인 참여자이자 변화를 이끌어내는 원동력이 될 수 있다. 소비자들이 유기농에 대한 구매에 적극적으로 나설 때 농민들은 관행농에서 친환경 유기농으로 전환하고자 하는 노력을 더 많이 하게 될 것이다. 로컬푸드를 통해 국내 농수산물에 대한 소비가 늘어날수록 생산자 농민들의 생활 안정과 지속가능한 농업의 실현이 가능하게 된다. 직거래와 재래시장의 이용은 대형마트와의 가격 경쟁에서 농민들을 지탱시켜줄 것이며, 국경을 넘어선 직거래와 착한 소비의 확대는 지구 전체적으로 경제, 사회, 생태적 지속가능성을 높이는 데 기여할 수 있을 것이다. 소비자들의 지혜로운 선택, 작은 행동의 변화가 결국 세상을 바꿔낼 수 있는 큰 힘이자 실마리라는 점을 인지하면서 소비로 바뀌는 세상을 함께 꿈꿔보기를 기대한다.

기후를 보호하기 위한
협동조합의 역할

생활협동조합의 가까운 먹을거리 운동, 더 힘내자

생협이 농민들과 연대하여 안전한 먹을거리를 소비자에게 공급하고 농업을 지키려는 노력은 그 자체로 기후변화를 완화하는 데 기여하고 있는 것이라고 이야기한 바 있다. 유기농업을 포함하여 비료와 농약을 사용하지 않거나 덜 쓰는 친환경농업은 농사에 들어가는 에너지 소비량을 줄이며, 이에 따라서 배출되는 이산화탄소량도 줄이게 될 것이기 때문이다. 게다가 제철에 나는 식품을 먹고, 무엇보다도 가까운 지역에서 나는 음식을 먹는 것도 비닐하우스의 난방이나 먼거리 수송과정에서 소비되는 에너지를 줄일 수 있기 때문에, 온실가스 배출을 저감하는 데 도움이 된다. 생협이 더 많은 소비자들을 조합원으로 참여시키고, 관행농사로 지어지거나 해외에서 수입된 먹을거리를 대신하여 유기농산물과 가까운 먹을거리를 소비하도록 한다면 농업·먹을거리 부문에서 배출되는 온실가스를 줄이는 데 큰 도움이 될 것이다. 그만큼 한국의 생협들은 더 힘을 낼 필요가 있으며, 더 많은 시민들이 생협의 조합원으로 가입해서 지구의 기후를 보호하는 든든한 지킴이가 되어주기를 바란다.

물론 생협들 또한 자신들의 활동영역을 먹을거리 안전은 물론 기후나 에너지에 대한 의제로 적극 확장해나갈 필요가 있다. 특히 생협 차원에서 푸드마일리지 개념에 입각해 이산화탄소 배출을 줄이고 협동조합 방식으로 재생에너지를 생산해낸 경험들은 모범적인 사례로 사회화시켜나갈 필요가 있다.

생협의 에너지 소비를 저감할 계획을 세우자

생협의 사업 과정 전체에서 사용되는 에너지를 절약하는 데에도 관심을 확대할 필요가 있다. 급속히 증가하고 있는 생협의 경제활동이 온실가스 배출 증가로 그대로 이어진다면, 적어도 기후변화 대응 측면에서 생협의 '가까운 먹을거리 운동'의 의미는 반감하게 될 것이다. 다른 상업 부문의 온실가스 배출 증가량이 일반 대형마트에서 생협 매장으로 단순히 이전되는 것이라면 난감한 일이지 않을까? 우선 생협에서 사용되는 에너지 양부터 파악해볼 필요가 있다. 각 생협 매장을 포함하여 사무공간, 물류센터 등의 건물에서 사용하는 전력량은 어느 정도가 되는지, 난방 등의 목적으로 사용되는 도시가스나 유류 사용량도 파악하면 좋을 것이다. 그리고 생협의 물류를 위해서 운행되는 차량에서 소비되는 유류 사용량도 조사해야 할 것이다. 물론 처음부터 이런 것들을 체계적으로 정확히 파악하기는 어렵겠지만 지금부터라도 시작할 필요가 있다. 그리고 향후 연도별로 그 추세를 파악하고 절감하기 위한 계획을 세우는 것이 필요하다. 에너지 저감 목표를 세우고, 이에 따라서 건물의 단열을 강화하고, 효율적인 냉방기기로 점차 교체하며, 에너지 관리 지침을 세워서 시행하고, 조합원들과 직원들을 대상으로 한 에너지 교육과 토론을 진행해야 한다. 관련해서 유럽의 협동조합, 특히 영국 협동조합의 모범적인 사례를 참고하는 것이 도움이 될 것이다.

지역 공동체 소유의 재생에너지 확대를 위해 나서자

한국의 협동조합은 에너지 생산과 소비라는 새로운 영역에 도전적으로 나설 필요가 있다. 이미 세계 여러 나라에서 에너지협동조합들이 설립되어 활발히 활동하고 있으며, 일부는 무시할 수 없는 정도로 성장하여 한 국가의 에너지 공급과 소비에 상당한 비중을 차지하고 있다. 특히 유럽에서는 온실가스의 배출과 화석연료에의 의존을 줄이기 위해서 재생에너지협동조합이 크게 성장하고 있다. 한국에서도 기후변화, 석유정점, 그리고 핵발전의 위험으로부터 벗어나야 한다는 시민들의 각성과 열망이 높아지고 있다. 현재의 화석연료와 원자력에 기반을 둔 대규모의 중앙집권적인 에너지체제에서 지역분산적이고 소규모의 재생에너지 시설을 중심으로 한 지역에너지자립체제를 만들어갈 필요가 있으며, 여기서 협동조합은 시민들의 각성과 열망을 담아 에너지 전환을 추진해나가는 적절한 수단이 될 수 있다. 이미 일부 생활협동조합이 조합원의 출자 등을 바탕으로 소규모 태양광발전소를 설치·운영한 경험이 있기도 하다. 이제 작년 말로 협동조합기본법이 발효되어 에너지협동조합운동을 본격적으로 시작하는 데 필요한 최소한의 제도적 기반도 마련되었다. 그리고 벌써 다양한 영역에서 지자체들과 함께 에너지협동조합을 결성하기 위한 움직임들이 나타나고 있다.

지역 주민의 에너지협동조합을 지원하는 중간조직이 필요하다

후쿠시마 핵 사고 이후, 여러 지역들의 많은 주민들이 핵발전이 얼마나 위험한 것인지 또 어떻게 하면 핵발전에서 벗어날 수 있는지에 대해서 공부하는 자리를 마련하고 있다. 당연히 에너지를 효율적으로 사용하고 소비량을 저감할 필요성부터 부각시키지만, 많은이들은 벌써 그렇게 실천하고 있으며 더 적극적인 방안을 제시해주길 원한다. 이런 이들에게 에너지협동조합은 대단히 매력적인 제안으로 받아들여진다. 지역에서 탈핵 강의에 참석하는 여러 사람들은 이미 생활협동조합의 조합원으로 활동하면서 협동조합이 무엇인지 비교적 소상히 알고 있었으며, 그 중에는 동료 조합원들과 협동하여 무엇인가 하는 데 익숙한 이들도 상당수 있었다. 에너지협동조합운동에 바로 참여할 수 있는 사람들이다. 그러나 에너지협동조합이 실제로 출자금을 모아서 태양광발전기를 구입·설치하고, 또 그것을 한전과 계약하여 적절한 경제적 이익을 낼 수 있기까지는 많은 시간과 노하우가 필요하다. 영국의 '에너지포올'과 같이 지역 주민들의 에너지협동조합 결성과 운영을 돕는 중간조직이 필요한 이유도 여기에 있다.

에너지 전환을 촉구하는 정치적 행동에 동참하자

유럽의 협동조합은 기후변화에 대응하기 위한 전략의 하나로, 조합원들이 적극적으로 정치적 행동에 나설 수 있도록 자극하고 지원하고 있다. 조합원들이 착한 소비를 통해서 경제적으로 '투표' 행위를 하는 것뿐만 아니라, 기후변화에 대응하기 위한 법률을 제정하고 정책을 수립하도록 정부와 국회에 대한 정치적 캠페인에도 동참하도록 권유하고 있다.

한국의 생협들도 지난 '광우병 촛불집회'를 통해 식품 안전을 위협하는 정부의 무역 정책에 대해서 반대하는 정치적 행동에 동참한 바 있다. 이런 행동은 노후가 되었음에도 무리하게 수명을 연장시킨 고리 1호기 핵발전소의 폐쇄를 포함하여 핵발전 확대 정책을 포기하도록 하는 정치적 행동으로 이어지고 있다. 많은 생협의 조합원들이 '탈핵희망버스'에 올랐으며, 고리 1호기를 폐쇄하고 밀양 송전탑 공사를 중지하라는 목소리에 동참하였다. 앞으로 예정되어 있는 중요 선거에서 탈핵 에너지 전환 정책을 제시하는 후보를 지지하며, 지역 주민들의 협동조합 등을 통해 지역 공동체 중심의 재생에너지 확대 정책을 가능하게 해줄 '발전차액지원제도'를 국회에서 재도입하도록 목소리를 높여야 한다.

결국 무엇보다도 지역에서부터 정치적 행동이 시작되어야 한다. 살고 있는 지역 내의 재생에너지 보급률은 얼마나 되는지, 그것을 위해서 지자체와 지방의회는 어떤 지원을 하고 있는지 조사를 해야 할 것이다. 그리고 지방자치단체장과 지방의원들에게 재생에너지를 확대하는 조례를 제정하고 예산을 책정하라고 요구해야 할 것이다. 나아가 생협 활동을 통해 협동조합의 가치와 운영 원리를 체득한 사람들이 직접 지방선거 과정에 입후보해서 자신들이 살아가는 삶의 터전을 지속가능하게 만들어가는 일에 앞장설 필요도 있다.

2010년 FAO 아태 지역 회의를 앞두고
국내 농업단체와 민간단체들이 발표한 성명서

농업이 바뀌면, 미래가 바뀐다
Agriculture change, Future Change

기후변화는 이미 가시화되었다. 2010년 급작스러운 가뭄으로 인해 러시아의 밀 생산이 궤멸적인 타격을 받아 수출금지령이 떨어져 전세계 식량가격이 폭등하고 있다. 또한 남아시아에 쏟아진 폭우는 주요 곡창지대를 초토화시켰으며, 지난 10년간 자연재해 발생 빈도는 네 배 이상 치솟았다. 농업기술이 좋아지고, 생산량이 조금씩 늘어나고는 있지만 기후변화에 의한 농업의 피해는 이보다 훨씬 커질 것으로 예상되기 때문에, 앞으로 인류의 식량 문제에도 적신호가 커졌다.

이런 상황에도 불구하고, 인류는 기후변화와 식량 문제를 해결하기 위해 한 걸음도 전진하지 못하고 있다. 이는 현재 세계의 농업 헤게모니를 쥐고 있는 농기업들과 산업화된 농산기업 중심의 관행농이 기후변화 대응에 역행하거나 진정한 해결책을 내놓지 못하기 때문이다. 우리는 조속히 다른 해결책을 찾아야만 한다. 그러지 않을 경우 인류는 기후변화와 함께 빈곤과 굶주림이라는 최악의 상황을 피하지 못할 것이다.

1. 기후변화 적응을 위한 즉각적인 대규모 지원이 필요하다

기후변화는 기온, 강수량, 일사량 등과 같은 생태계시스템에 지대한 영향을 미치고, 이는 기후에 크게 의존하고 있는 농업과 수자원에 직접적인 악영향을 가져온다. 2007년의 IPCC 4차 보고서와 2009년의 IAASTD 보고서에 따르면 사하라사막 이남의 아프리카 국가의 경우 농업 생산량이 50퍼센트 이상 줄어들 가능성이 있고, 특히 동남아시아·태평양ESAP의 쌀과 밀 등 천수답 생산은 궤멸적인 타격을 입게 될 것이다. 또한 전세계 각지에서 예측할 수 없는 병해충에 시달리게 될 것이고, 강설량과 강우량이 변동됨에 따라 물 문제가 농업뿐 아니라 사회적 갈등의 주요인으로 자리 잡게 될 것이다. 이를 막기 위해서는 생태계시스템을 안정화시키는 것뿐만 아니라 각국의 농민과 농업체계가 기후변화에 적응할 수 있도록 지원해야 한다. 기후변화 위기에 적합한 농업기술과 기반시설, 위기 대처능력을 지원하는 것은 그 국가와 사회의 지속가능성 확보를 위한 필수 요인이다.

2. 농기업과 산업화된 농산기업 중심의 관행농은 식량 문제를 해결하지 못한다

1970년대 이후 일부 선진국과 초국적 메이저 농기업들이 이끈 이른바 '녹색혁명'은 전세계 농작물 생산량을 증가시켰지만 전세계 기아 문제를 해결하지 못했다. 오히려 이후 빈곤 인구는 더욱 증가했다. 이는 대규모의 산업화된 농업체계가 생산과 이익 분배의 불평등 구조를 고착화시키고, 각국의 농업체계를 붕괴시켰기 때문이다. 푸드퍼스트연구소Food First Institute의 지적에 따르면, "오늘날 세계에 공급되는 식량은 풍부하고, 결코 부족하지 않다". 결국 거대 농기업들과 선진국들의 농업자유화 정책이 작금의 빈곤 문제를 야기한 것이다. 게다가 거대 농기업과 산업화된 농산기업 중심의 관행농은 생산과 수송과정에 있어 지나치게 에너지집약적이어서 농업을 기후변화 완화의 주체가 아닌 온실가스 배출의 주체가 되도록 만들었다. 특히 아시아·태평양 지역은 주요 곡창지대로서 그간 농산기업 중심의 관행농법, 수출농 중심 정책 등으로 인해 기후변화가 더욱 극심해져 심각한 피해를 입어왔다. 이런 상황을 극복하기 위해서는 거대 농기업과 농산기업 중심의 관행농과 수출농 중심 체계에서 벗어나 지역 소농을 중심으로 하는 저에너지·생태농업의 로컬푸드시스템으로 회복·전환해야만 한다.

3. 유전자조작 농업은 우리를 위험에 빠뜨린다

농기업들과 일부 선진국들은 유전자조작 농업을 식량 문제의 해결과 기후변화의 대응책으로 제시하고 있다. 하지만 이는 종자를 포함하여 농업 투입물과 산출물을 장악하고 이를 기반으로 이윤을 창출하기 위한 상술에 불과하다는 것이 우리의 생각이다. 유전자조작 식량은 단작으로 인한 생물종 다양성 훼손과 생태계시스템 파괴를 야기한다. 또한 유전자조작 종자는 화학비료와 제초제의 과잉 사용을 가져올 것이다. 이는 생물종 다양성을 크게 훼손할 것이며, 농업에 대한 농민들의 권리 박탈을 가속화할 것이다. 이런 점에서 유전자조작 농업은 기후변화의 해결책이 아니라 기후변화의 위험을 증폭시키는 요소가 될 수밖에 없다는 것을 인지해야 한다.

4. 농산물연료를 폐기하라. 농산물은 식량이다

현재 미국과 남미에서 생산되는 많은 양의 옥수수와 사탕수수가 식량이 아닌 농산물연료agrofuel로 사용되고 있다. 또한 유럽에 바이오연료를 공급하기 위해 동남아시아의 많은 농경지와 열대우림이 바이오연료 생산단지로 바뀌어가고 있다. 농산물연료로 활용되는 농작물이 급격하게 늘어남에 따라 전세계 식량가격이 폭등했지만, 일부 국가의 정부가 잘못된 농업보조금 정책을 채택함에 따라 농산물연료는 더욱 확대될 전망이다. 식량을 기반으로 하는 농산물연료는 식량 생산을 축소시키고 분배정의를 악화시키며, 지나치게 에너지집약적인 현 농업체계를 고착화시킨다. 이는 전세계 민중들의 생존권에 대한 심각한 위협이다. 따라서 우리는 농산물연료 정책의 폐기를 강력하게 요구한다. 값싸고 안전한 식량에 대한 접근권은 무엇과도 바꿀 수 없는 최우선의 권리다. 각국의 농업시스템은 연료가 아닌 식량을 위해 있는 것이다.

5. 지역적 불평등 문제 해결을 고려해야 한다

사하라 이남의 아프리카 지역의 농업은 다른 지역보다 자연적인 생태계시스템에 대한 의존도가 높으며, 취약한 제도 기반과 농업기술, 낮은 적응능력 등으로 인해 기후변화에 특히 취약하다. 동남아시아 곡창지대 역시 강수량과 토양 상태 등 기후변화에 많은 영향을 받을 수밖에 없다. 하지만 이들 지역은 온실가스 배출의 역사적 책임이 거의 없는 곳이다. 이는 기후변화의 정의롭지 못한 성격을 여실히 보여주는 것으로서, 기후부채를 감안하면 이들 지역의 농업을 지키는 것은 산업화된 선진국을 비롯하여 모든 국가의 의무이기도 하다. 따라서 지역적 불평등 문제를 해소하기 위해 기후부채의 책임이 높은 선진국들의 대규모 지원이 반드시 이루어져야 하며, 특히 가장 극심한 피해를 입고 있는 지역의 소농들에 대해서는 특단의 보호대책이 조속히 수립·적용되어야 한다.

6. 정의롭고 형평성 있는 농업체계를 위해 농민천부권을 인정하라

약 1만 년 전 농경이 시작된 이후 농민은 농업과 농토의 주체였고, 전세계를 부양하는 사회의 근본이었다. 하지만 초국적 메이저 농기업들이 그 자리를 대체하며 농민들은 단순 피고용자로 전락하고, 땅에서 쫓겨났다. 이로 인해 전세계 빈곤은 심각해졌고, 농지는 필수재인 식량이 아니라 잉여 소비재를 생산하기 위한 공장처럼 변해버렸다. 언제나 인류의 희망이자 현실이었던 농업은 이제 더 이상 농민의 것이 아니고 자본의 손에 놓여졌다. 우리는 농민이 농업의 주인이 아닌 현실 속에서 기후변화와 빈곤, 전세계적 불평등한 경제구조를 극복할 수 있을 것이라고 상상할 수 없다. 농업이 농민에게 주어지고, 거대 농기업이 아닌 지역의 소농들에게 농업의 권리가 주어질 때야말로 기후변화와 빈곤을 둘러싼 지구촌 문제가 해결될 수 있을 것이다. 이는 많은 연구·조사를 통해서도 증명된 것이다. 따라서 농업에 관한 농민천부권 개념을 전세계적으로 도입하고 농업의 주권을 농민들에게 되돌려주어야 하며 식량주권을 확립해야 한다.

7. 지속가능한 미래와 농업을 위한 경제구조로 전환하자

현재의 농업 생산과 배분체계는 온실가스 배출의 주범인 화석연료를 과다하게 사용하고, 각국의 농업을 황폐화시키는 근본적인 원인이 되고 있다. 농업 생산에 있어서는 화학비료와 제초제를 줄여 온실가스 배출을 최소화하고, 지속가능한 로컬푸드시스템을 구축하여 지역 먹을거리 체계를 확립해야 하며, 농업 정책에 대한 결정권을 농민에게 환원하여 농업체계를 건강하게 만드는 새로운 식량·경제 패러다임이 필요하다. 이는 인류 공동의 미래를 위한 필요조건이자 지구 생태계시스템을 위협하는 요인에 대한 가장 근본적인 대응책이다.

8. 한국 정부는 농민·농업 억압 정책을 폐지하라

현재 한국 정부가 역점을 두고 추진하고 있는 4대강 살리기 사업은 강 유역의 생태농업을 파괴하고, 하천의 건강성을 낮춰 농업이 기후변화에 더욱 취약해지도록 만들 것이다. 현 정부의 농업과 기후변화에 대한 몰이해는 이것뿐만이 아니다. FTA 등 무역자유화 정책을 통해 우리나라의 식량주권을 아무런 거리낌 없이 거대 농기업에게 넘겨주고 있고, 바이오연료 수입으로 열대우림과 제3세계 농경지 파괴에 일조하고 있다. 그런 정부가 IFOAM 세계유기농대회를 유치해 농민과 농업에 대한 억압 정책을 마치 녹색인 양 분칠하고 있다. 정부가 진정으로 농업과 농민을 걱정한다면 4대강 살리기, 농업 무역 자유화 정책 등은 당장 폐기해야 하고, 생태농업을 지원하는 특단의 대책을 수립하는 것이 유일한 방법이라는 것을 인식해야 한다.

전술한 기후변화와 농업 문제를 해결하기 위해 '식량주권 실현과 지속가능한 농업을 위한 한국 시민사회협의회'는 다음과 같이 요구한다.

하나. 기후변화에 대한 잘못된 해결책인 농산물연료와 단작 중심의 산업화 농업에 대한 각종 보조금을 철폐하고, 그 금액을 농업 분야의 취약성을 제고하기 위한 재원으로 전환하라.

하나. 우리는 환경파괴적이고 반농민·친자본적인 현재의 농기업의 권력을 용납할 수 없다. 지역의 기후변화에 대한 역량을 침해하고, 현재의 왜곡된 체제를 심화시키는 농업 지적재산권 규정을 폐지하라. 생명에 관한 어떠한 특허도 우리는 인정할 수 없다.

하나. 각국은 식량 빈곤을 해소하고 기후변화에 대응하기 위한 정책의 일환으로 수출농 중심의 농업을 지양하고, 로컬푸드시스템 확립 정책을 우선 도입하여 실시하라.

하나. 생태적 건강성을 유지하고 잠재적인 환경파괴를 예방하기 위해 유전자조작 농작물을 규제하고 생태농업을 활성화하라.

하나. 제3세계 농업과 지역 소농들을 보호하기 위한 특단의 조치들을 마련하라. 이를 위해 산업화된 농산기업 중심의 관행농을 지양하고 농업 기술과 기반 지식을 공유할 수 있는 제도적 장치를 마련하여야 한다.

하나. 농업 재생과 빈곤 극복이 기후변화 대책에 있어 최우선순위라는 점을 명확히 인지하고, 농업친화적·기후적응적인 경제체제를 구축하라.

하나. 농민천부권을 인정하라. 농지는 기업의 것이 아닌 농민의 것이고, 민중의 것이다. 농민천부권을 거부하는 일체의 경제적·물리적·사회적 제재를 폐지하라.

농업의 미래는 인류의 미래다. 현재의 왜곡된 농업체계가 제자리로 돌아가지 않으면 인류의 미래 역시 장담할 수 없는 처지에 놓이게 될 것이다. 기후변화로 인한 농업의 피해를, 그리고 기후변화를 야기하는 주요한 원인으로서의 농업체계를 바꿀 때까지 '식량주권 실현과 지속가능한 농업을 위한 한국 시민사회협의회'는 'FAO 아시아—태평양 지역 총회'에 모인 농민들과 민간단체들과 연대하여 지속적으로 투쟁할 것이다. 전세계 모든 농민들과 민간단체들의 동참과 지지를 요청한다.

2010. 9. 29
식량주권 실현과 지속가능한 농업을 위한 한국 시민사회협의회

1. 유기농 · 친환경농작물을 이용합니다

유기농과 친환경농작물은 땅을 튼튼하게 하여 이산화탄소 흡수 능력을 높이고 관행농에서 발생하는 비료에 의한 온실가스 발생량 등을 낮춥니다.

2. 육식 위주의 식생활을 바꿉니다

육류 위주의 식생활은 성인에게는 비만 등 성인병의 주원인이 되고 아이들에게는 주의력 결핍 등의 문제를 불러일으킬 수 있습니다. 또한 가축 사육에는 많은 양의 물이 소비되고 엄청난 넓이의 목초지가 필요해서 열대 우림을 벌목할 수밖에 없습니다. 생산 과정에서도 매우 많은 양의 온실가스가 배출됩니다. 육류 섭취를 줄이면 절약되는 곡물과 콩으로 세계 기아 문제도 해결할 수 있습니다.

3. 그린시장 · 녹색구매를 활용합니다

지역 생협에서 판매하거나 탄소인증표시제 등을 받은 제품은 생산 과정에서 많은 양의 온실가스를 줄일 수 있습니다. 이러한 소비 습관은 기업들에게 온실가스 저감 제품을 만들라는 무언의 압력이 되기도 합니다.

4. 지역 먹을거리를 활용하고, 직접 재배합니다

농산물을 살 때는 생산지를 반드시 확인하고 지역 먹을거리를 선택합니다. 운송 과정 중에 나오는 온실가스를 줄일 수 있습니다. 또한 쌈채와 같이 화분에서 키울 수 있는 농산물들은 직접 재배하는 것도 좋은 방법입니다. 실내 화분에서 화초 대신 농작물을 키우면 아이들 정서에도 좋고, 건강도 챙기고, 지구온난화 대응에도 도움을 주는 일석삼조의 효과를 누릴 수 있습니다.

5. 재생가능에너지 설비를 설치합니다

풍력·태양광 등과 같은 재생가능에너지는 온실가스 발생량도 줄이고 핵발전·화력발전과 같은 대형발전소에 의한 사고 위험도 없애줍니다. 설치 비용은 비싸지만 에너지 위기로부터 자유롭고 장기간 에너지 비용을 낮춰 줍니다.

6. 조명을 바꿉니다

백열전구는 전기에너지가 빛에너지로 전환되는 양이 적고 대부분 불필요한 열에너지로 변해 버려집니다. 도시 소비자들이 백열전구를 형광전구로, 형광전구를 고효율 전구로 바꾸면 발전소를 줄일 수 있습니다. 조명의 조도를 약간 낮추는 것도 중요합니다.

7. 에너지효율등급이 높은 가전제품을 이용합니다

에너지효율등급이 높은 가전제품은 등급이 낮은 가전제품보다 30퍼센트 이상 에너지 사용량을 줄일 수 있습니다. 처음에 약간 높은 가격을 지불해야 하겠지만 사용 기간 동안 절약되는 에너지 비용이 이를 상쇄할 수 있습니다.

8. 냉장고에 물품 목록표를 붙여 놓고 활용합니다

냉장고를 열어보면 지나치게 많은 양의 내용물이 있습니다. 특히 냉동실에는 1~2년간 먹지 않은 음식이 들어 있을 때도 있습니다. 냉장고는 많은 양의 내용물이 있으면 그만큼의 에너지를 더 필요로 합니다. 냉장고는 항상 60퍼센트만 채워 놓고, 내용물을 넣을 때 물품 목록표에 날짜와 종류를 적어 놓으면 음식물이 지나치게 오래되는 걸 방지할 수 있습니다.

9. 냉난방 적정 온도를 준수합니다

실내 온도를 냉난방 적정 온도(여름 26℃ 이상, 겨울 20℃ 이하)로 유지하면 가정 에너지를 가장 효율적으로 줄일 수 있습니다. 특히 겨울철 과잉 난방은 면역력도 약화시킬 뿐만 아니라 건조해지기 때문에 피부 미용에도 매우 좋지 않습니다.

10. 전기 난방기구 사용을 자제합니다

전기는 실생활에서 쉽게 활용할 수 있는 고급에너지이므로 전기로 난방을
하는 건 매우 비효율적입니다. 또한 실내를 건조하게 만들어 건강에도 좋
지 않을뿐더러 장시간 사용시 전기요금을 높이는 결정적인 요인이 됩니
다. 겨울철에는 전기 난방기구 사용을 자제하고, 어쩔 수 없이 사용을 하
게 될 때엔 난방 온도를 약간만 낮춰도 에너지 비용을 상당 부분 줄일 수
있습니다.

11. 대기전력을 차단합니다

전자제품들은 전원을 꺼 놓아도 코드를 뽑지 않으면 재가동 준비를 위해
항상 약 15퍼센트의 전기를 더 소모합니다. 항상 코드를 꽂아두는 오디오,
텔레비전, 컴퓨터 모니터, 전자레인지 등은 대기전력 소모가 심합니다. 심
지어는 핸드폰 충전기조차 대기전력을 소모합니다. 사용이 끝난 전자제품
은 코드를 반드시 뽑고, 불편을 줄이기 위해 대기전력차단용 멀티탭 등을
활용합니다.

12. 집수리 공사를 통해 단열효과를 높입니다

가정에서 가장 많이 낭비되는 에너지는 냉난방 에너지입니다. 벽체나 창
호 등 단열 집수리 공사만 해도 차갑거나 뜨거운 외부 공기를 상당 부분
막을 수 있어 그만큼의 에너지를 줄일 수 있습니다. 여름철에는 블라인드
등을 설치해 외부 햇빛을 차단하고 겨울철에는 문풍지 등으로 바람을 막
으면 에너지절약에 유리합니다.

13. 수도꼭지에 절수장치를 달고, 올바른 물 이용 습관을 기릅니다

음식을 하거나 설거지를 할 때 수도꼭지는 반드시 잠그고, 절수장치를 설
치해 한꺼번에 지나치게 많은 물이 나오지 않도록 만듭니다. 지금처럼 많
은 물을 쓰다가는 하수도로 흘러간 물을 다시 정수하기 위해 발전소를 더

지어야 할지 모릅니다.

14. 천연세제를 씁니다
대부분의 세제에는 인산염이 들어 있어 인체에 해롭습니다. 독한 세제에 의해 오염된 물은 정수 과정에서 엄청나게 많은 양의 물과 에너지를 소비합니다.

15. 변기의 물통에 벽돌이나 물을 채운 페트병을 넣어둡니다
서양식 화장실 시스템은 물을 굉장히 많이 쓸 수밖에 없는 구조를 가지고 있습니다. 변기의 물통에 벽돌이나 물을 채운 페트병을 넣어두면 1회 사용 시 그 부피만큼의 물을 줄일 수 있습니다. 가족들이 화장실을 이용하는 회수를 감안하면 수년 동안 어마어마한 양의 물을 절약할 수 있습니다.

16. 생활하수를 재활용합니다
목욕물, 설거지물을 모아 두면 화초에 주거나 애벌빨래에 쓸 수 있습니다. 걸레나 행주를 빨 수도 있고, 변기 물로 활용할 수도 있습니다. 생활하수는 소비자들의 상상력에 따라 무궁무진하게 쓰일 수 있습니다.

17. 자전거나 대중교통을 이용합니다
도시 에너지 소비의 중심에는 개인 승용차가 있습니다. 대중교통이 불편한 농촌 지역과 달리 도시에서는 다소간의 불편만 감수한다면 대중교통을 이용하는 것이 가장 좋은 방법입니다. 대중교통 이용량이 많아지면 대중교통에 대한 투자도 늘어나 대중교통이 점점 더 좋아지게 됩니다.

18. 개인 승용차는 친환경자동차를 구매합니다
근래 출시된 하이브리드 자동차 등은 차량 구매 가격은 비싸지만 다양한 세제 혜택을 주기 때문에 동급의 일반 차량과 비용 차이가 크지 않습니다. 또한 저렴한 연료 비용 때문에 연간 10,000킬로미터 이상을 이용한다면 2~3년 내에 차량 가격 차이를 상쇄하고도 남습니다.

19. 재활용제도에 적극 참여합니다

재활용제도나 분리배출 등을 지킨다면 상당한 양의 온실가스를 줄일 수 있습니다. 자원을 아낄 수 있고, 처리량을 줄여 에너지도 줄일 수 있으며, 독성 물질이 소각되거나 매립되는 것을 사전에 막을 수 있습니다. 특히 유리와 폐지 등 쉽게 분리할 수 있는 것들은 반드시 분리해 처리해야 합니다. 유리병 안에 담배꽁초와 같은 이물질은 절대 넣지 않습니다. 재활용이 불가능합니다. 알루미늄 캔을 재활용하면 90퍼센트의 에너지와 95퍼센트의 대기오염을 줄일 수 있습니다.

20. 잡동사니 우편물을 오지 못하게 합니다

종이는 나무를 베어 만들어야 하고 또 종이를 만드는 과정과 폐기하는 과정에서도 많은 온실가스를 발생시킵니다. 집으로 오는 잡동사니 우편물을 거부하면 그만큼의 온실가스를 줄일 수 있습니다.

21. 장바구니 사용을 생활화합니다

석유가 고갈되고 있습니다. 일상생활에서 사용하는 비닐백은 모두 석유화학 제품입니다. 장바구니를 생활화하여 비닐백 사용을 줄이는 것이 필요합니다. 종이백 역시 집에 쌓아만 두고 활용도가 낮기 때문에 가급적 구입하지 않습니다.

22. 대형마트나 인터넷 쇼핑으로 대량 구매를 하지 않습니다

대형마트 등에서 물품을 대량 구매하는 것은, 과대 포장이 대세인 요즘 많은 양의 쓰레기를 발생시킬 수밖에 없습니다. 또한 불필요한 소비를 조장하게 됩니다. 재래시장 등에서 장바구니를 활용해 소비를 하면 운반의 문제 때문에 불필요한 소비와 쓰레기를 줄일 수 있습니다.

23. 배달 음식은 가급적 자제합니다

배달 음식이 많아서 배달 민족이라는 농담이 나올 정도로 배달 문화가 발달되어 있지만, 배달 음식은 일회용품 사용량이 늘어나고 배달 과정에서 많은 양의 석유를 쓰게 됩니다. 간식 등은 집에 있는 음식물을 활용하는 것이 건강에도 더 좋습니다. 식사 준비를 미리미리 하면 배달 음식을 피할 수 있습니다.

24. 실내를 녹색 식물로 꾸밉니다
가정에 화초나 간단한 식용 채소를 기르는 것은 실내 대기질 개선에도 효과적일 뿐만 아니라 실내 습도를 적정 수준으로 유지시켜주기 때문에 가습기나 공기청정기와 같은 불필요한 가전제품 사용을 줄일 수 있습니다.

25. 인터넷 등에서 틈틈이 환경 정보를 알아봅니다
인터넷 등에는 엄청나게 많은 환경 정보가 있지만 일상생활에서 쉽게 활용되지 못하고 있습니다. 틈틈이 환경 관련 정보를 해당 부처와 환경 단체 등에서 찾아보고 숙지하면 생활양식을 변화시킬 수 있습니다. 정보가 있다고 해서 그것이 바로 지식이 되지는 않습니다.

26. 환경서적을 구입합니다
환경서적은 지구를 살릴 수 있는 다양한 방법을 제공합니다. 책을 다 읽은 후의 감동은 우리의 생활양식을 전환시킬 수 있는 힘을 가지고 있습니다. 주위 분들과 독서 후에 감상을 주고받을 수 있는 자리가 있으면 더욱 좋습니다.

27. 각종 환경 행사에 참여합니다
환경 행사에는 지구를 살릴 수 있는 다양한 정보와 실천 사례가 소개됩니다. 행사장 등을 찾는 것은 인식을 전환시키고 실천 방법을 체화할 수 있는 좋은 계기가 됩니다. 또한 아이들과 동반한다면 교육적 효과도 기대할 수 있습니다.

28. 생협·환경단체 등을 지원합니다
생활협동조합이나 환경단체 등은 개인적으로 실천하기 어려운 부분에서 온실가스 배출을 줄일 수 있는 역할을 합니다. 이들 단체들에 가입하고 후원하는 것은 우리 사회가 친환경적인 구조로 전환하는 데에 크게 이바지하는 것입니다.

29. 주위 사람들과 경험을 공유합니다

환경 문제는 너무 거대하기 때문에 개인적인 실천으로는 해결되기 어렵습니다. 환경 보호와 지구온난화 대응을 위한 경험과 노하우를 주위 분들과 공유하고 확대해야 합니다.

30. 지구를 위한 투표를 합니다

해마다 선거철이 되면 환경파괴가 일어날 수밖에 없는 공약들이 남발됩니다. 도시 소비자들이 아무리 에너지를 아끼고 친환경적으로 산다고 해도 반환경적인 정치인들이 에너지 다소비 건물이나 도로 건설 위주의 정책을 실현하면 그 노력들은 무의미해지고 맙니다. 환경 정책을 공약하는 후보를 지지하는 '지구를 위한 투표'가 필요합니다.